El Tesoro Oculto del Camino Profundo

*Comentario Palabra por Palabra
Sobre las Prácticas Preliminares de Kalachakra*

༄༅།། ཟབ་ལམ་སྦྱོན་འགྲོའི་ཆིག་འགྲེལ་སྦྱོན་མེད་རབ་གསལ་སྤྱང་བ།

Por Shar Khentrul Jamphel Lodrö

དཔར་མཁན་སྒྱུལ་རིན་པོ་ཆེ་འཇམ་དཔལ་བློ་གྲོས

Dzokden

©2024 Dzokden

Este libro es una traducción del libro original en inglés publicado por el Tibetan Buddhist Rime Institute en 2015.

Todos los derechos reservados. Ninguna parte de este libro puede ser reproducida electrónicamente o por otros medios, incluyendo fotocopias, grabaciones o cualquier sistema de archivo, sin el permiso escrito del editor.

Autor: Shar Khentrul Jamphel Lodrö
Traducción al Español: Alejandro M. García

Primera Edición

ISBN (Libro de bolsillo): 978-1-7373482-5-2
ISBN (Epub): 978-1-961659-00-1

Publicado por:
DZOKDEN

Este trabajo fue producido por Dzokden, una institución sin fines de lucro operada enteramente por voluntarios. Esta organización está dedicada a propagar una visión no sectaria de todas las tradiciones espirituales del mundo y a enseñar el budismo en una forma completamente autentica y al mismo tiempo practica y accesible a la cultura occidental. Está especialmente dedicada a difundir la tradición Jonang, una rara joya de una parte remota de Tíbet que conserva las preciadas enseñanzas del Kalachakra.

Para obtener más información sobre las actividades programadas o materiales disponibles, o si desea hacer una donación, comuníquese con:

Dzokden
3436 Divisadero Street
San Francisco, California 94123
USA
www.dzokden.org
office@dzokden.org

Contenido

Homenaje	vii
Introducción	ix

PRIMERA PARTE: PRELIMINARES EXTERNOS E INVOCACIÓN AL LINAJE

1	Las Cuatro Convicciones de la Renuncia	3
2	Invocación Breve a los Maestros del Linaje Jonang	11
3	Invocación Extensa al Linaje del Yoga Vajra	27

SEGUNDA PARTE: LAS PRELIMINARES INTERNAS

4	Refugio y Postraciones	67
5	Generación de la Mente de la Iluminación	81
6	Purificación de Vajrasattva	93
7	Ofrecimiento del Mandala	109
8	Yoga del Guru Fundamental	125

TERCERA PARTE: LAS PRELIMINARES PARTICULARES Y PRÁCTICA PRINCIPAL DE KALACHAKRA

9	Práctica del Kalachakra Innato	151
10	Aspiración para Completar los Seis Yogas Vajra	167

CUARTE PARTE: LOS DOS YOGAS DEL GURU ADICIONALES

11	Yoga de Guru Dolpopa: Lluvia de Bendiciones para los Seis Yogas del linaje Vajra	181
12	Yoga de Guru: Taranatha El ancla para Recolectar Siddhis	201

Conclusión	217

APÉNDICE

La Escalera Divina: Prácticas Preliminares y Práctica Principal del Profundo Yoga Vajra de Kalachakra	223
Acerca del Autor	262
La Visión de Rinpoche	263

ཕྱི་དབྱིངས་འཁོར་འདས་དྲུངས་མའི་གྲོང་ཁྱེར་བྱེ་བ་དག་བཅུའི་༤སྨ་ལ།།
ནང་དབྱིངས་དྲུག་བརྒྱ་སོ་དྲུག་ལྟ་ཡི་དཀྱིལ་འཁོར་སྟོང་གཟུགས་ལོངས་སྤྱོད་ཞིང་།།
གཞི་དབྱིངས་རྫོགས་པ་ཀུན་ལྡན་ཆ་མེད་འཁོར་འདས་ཀུན་ཁྱབ་ཆོས་སྐུའི་དབྱིངས།།
མཐོན་བྱེད་ཐབ་ལམ་ཆུག་གཅིག་རྡོ་རྗེའི་རྫོགས་འབྱོར་དང་བཅས་ཕུག་གིས་མཆོད། །

ཐབ་དོན་ཤེས་པ་མིན་ཡང་འདུན་པ་ཡིས།།
ཐབ་མོའི་དོན་ལ་འཇུག་པའི་རིམ་པ་ཙམ། །
བོ་སྨྲ་ཤེས་ཐབས་ཆིག་གིས་འདྲི་སློན་གྱིས། །
བྱིས་པའི་དགའ་བ་བསྟེན་ལ་ཆོངས་པ་ཅི། །

ཕྱི་རིག་དྲུག་གི་འཁོར་ལོ་འཇམ་གླིང་བྱེ་བ་ཕྲག་བརྒྱའི་ཞིང་།།
ནང་རིག་དྲུག་གི་འཁོར་ལོ་རྡོ་རྗེའི་རྒྱུད་སྡེ་ཡིག་ལེའི་ཁམས། །
གཞན་རིག་དྲུག་གི་འཁོར་ལོ་ཐབས་གསང་སྨྲ་ཡི་དཀྱིལ་འཁོར་གསུམ། །
དབྱེར་མེད་བར་དུ་རྟོགས་ལྡན་དམ་པའི་ཆོས་ལ་སློད་ནུས་ཤོག །

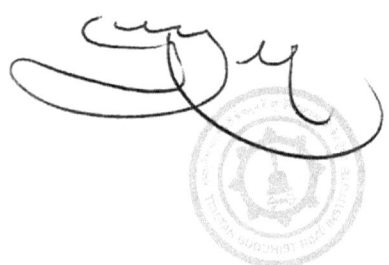

Homenaje

Ante la Dimensión Externa, las noventa y seis millones de ciudades de
Shambala que son la esencia del samsara y el nirvana;
Ante la Dimensión Interna, el Reino Sambhogakaya del Mandala de
Forma Vacía de seiscientos treinta y seis deidades;
Ante la Dimensión Básica, el Reino Dharmakaya indivisible que posee
el potencial de todas las distintas manifestaciones e impregna todo el
samsara y el nirvana;
Con una devoción pura en los Yogas Vajra, el profundo camino único
para lograr realizaciones, rindo homenaje.

Aunque no sea un conocedor del más profundo de los significados,
¿qué falta hay en la aspiración de esforzarse por escribir
palabras de método y sabiduría que faciliten la comprensión
de las meras etapas para adentrarse en ese profundo significado?

Conciencia Externa de Kalachakra, los mil millones de mundos de
este universo;
Conciencia Interna de Kalachakra, el reino vajra de los canales, aires
y esencias;
Conciencia Iluminada de Kalachakra, los tres mandalas de la mente, la
palabra y el cuerpo.
Hasta que estas resulten inseparables, que podamos deleitarnos con el
Dharma Sagrado de la Edad de Oro.

— *El Buddha Shakyamuni* —
El Maestro Supremo del Tantra de Kalachakra

Introducción

Este libro ofrece un comentario al texto raíz *La Escalera Divina que Conduce a Kechara: Prácticas Preliminares y Práctica Principal del Profundo Yoga Vajra de Kalachakra*, escrito por Jetsun Taranatha. Desde su composición en el siglo XVII, innumerables practicantes de la tradición Jonang han utilizado durante cientos de años *La Escalera Divina* para alcanzar logros en el Camino de Kalachakra. Este conciso manual de práctica contiene todas las instrucciones esenciales de la tradición tal como se practican en India y Tíbet.

Se dice que la práctica de Kalachakra resulta especialmente eficaz en esta época de grandes conflictos y luchas. Surgidas del reino espiritual de Shambhala, estas enseñanzas se vinculan estrechamente con el cultivo de la paz y la armonía. Estas enseñanzas son extremadamente escasas en este mundo y, por lo tanto, son muy difíciles de encontrar, y más aún en un idioma que podamos comprender. Aunque muchas personas han recibido los empoderamientos de Kalachakra de grandes maestros tales como Su Santidad el Dalai Lama, los materiales sobre cómo practicar han sido muy limitados. Por estas razones, espero que puedan apreciar cuán excepcional y precioso es este texto.

El manual de práctica se titula *La Escalera Divina* debido a que presenta el camino profundo hacia la iluminación de Kalachakra de forma gradual, paso a paso. Ahí se incluyen todas las prácticas preliminares que conducen a las prácticas de la etapa de consumación de Kalachakra, conocidas como los Seis Yogas Vajra. Gracias a estos métodos extraordinarios, es posible alcanzar la iluminación total en una sola vida humana.

Buda originalmente impartió las instrucciones de estas prácticas a los Reyes del Dharma de Shambhala, donde se conservaron hasta el siglo X, cuando se introdujeron finalmente a la India y poco después al Tíbet. Si bien los Seis Yogas Vajra son la práctica principal del Camino de Kalachakra, es necesario que primero completemos Las Prácticas Preliminares (Ngöndro) para tener la facultad de llevar a cabo dichas prácticas.

El propósito del Camino de Kalachakra es descubrir la verdad iluminada de nuestra realidad, también conocida como nuestra naturaleza búdica. Actualmente, esta naturaleza permanece oculta a nuestra experiencia, como un tesoro enterrado bajo tierra o una joya envuelta en muchas capas de basura. El camino está diseñado para facilitar el proceso gradual para eliminar los oscurecimientos de la mente que nos impiden experimentar esta naturaleza prístina.

En estos momentos nuestra mente está saturada de todo tipo de conceptos y nociones dualistas que distorsionan nuestras percepciones y limitan nuestra capacidad. Vemos todas nuestras experiencias a través de los lentes de los estados mentales afligidos, tales como el orgullo, la agresión y la ignorancia. Mediante un camino budista tal como el de Kalachakra y con la ayuda de un guía espiritual auténtico, es posible adiestrarnos para liberarnos gradualmente de estas fijaciones. En un principio, esto requiere que establezcamos una base ética de vida por medio del desarrollo de cualidades internas tales como la disciplina, la bondad y la sabiduría. A medida que nos familiarizamos con estas cualidades, los velos de los oscurecimientos comenzarán a disolverse, lo que nos permitirá vislumbrar nuestra naturaleza fundamental. Conforme practiquemos más, los oscurecimientos se volverán más tenues y más extensa será nuestra experiencia de la naturaleza búdica. Lo que comienza como una pequeña gota eventualmente se convierte en un vasto océano. Cuando eliminemos todos los oscurecimientos, habremos alcanzado la iluminación.

ESQUEMA DEL LIBRO

La Escalera Divina se divide en cuatro partes principales. Las tres primeras partes cubren las prácticas preliminares que se realizan antes de adentrarse en la práctica principal de los Yogas Vajra. La última parte proporciona prácticas adicionales que pueden realizarse para fortalecer la conexión con las bendiciones de los dos principales maestros del linaje de la tradición Jonang.

Primera Parte: Las Preliminares Externas e Invocación al Linaje

En esta sección se comienza con las prácticas preliminares externas, que se enfocan en lo que se conoce como las cuatro convicciones de la renuncia. Estas cuatro contemplaciones nos inspiran a practicar el Dharma con una fuerte determinación y una profunda sensación de urgencia. Luego, hacemos súplicas a los maestros realizados del Linaje del Yoga Vajra para recibir inspiración de la transmisión ininterrumpida de las enseñanzas de Kalachakra.

Segunda Parte: Las Preliminares Internas

Antes de adentrarnos en la práctica del tantra budista, es indispensable establecer las cualidades necesarias que servirán de apoyo para las técnicas más avanzadas. Estas prácticas forman una base común para todos los sistemas del Yoga Tantra Supremo, tal como el de Kalachakra. En el Tíbet, los practicantes tradicionalmente realizan estas prácticas de manera intensiva por un período determinado con el fin de adquirir familiaridad con ellas. Estas incluyen:

1. *Tomar Refugio y Hacer Postraciones* para asegurarnos de que estamos en el camino correcto y que confiamos en fuentes de protección válidas.

2. *Cultivar la Bodhicitta* para establecer una motivación firme para alcanzar la iluminación por el beneficio de todos los seres sensibles.

3. *Purificación de Vajrasattva* para eliminar las tendencias habituales negativas de nuestras mentes.

4. *Ofrecimiento de Mandalas* para acumular las vastas reservas de mérito que serán necesarias para lograr realizaciones.

5. *Práctica del Yoga del Guru* para unificar nuestras mentes con las cualidades iluminadas del Buda.

Si no desarrollamos una fuerte familiaridad con estas cinco prácticas no tendremos las condiciones necesarias para practicar auténticamente en el Tantra budista.

Tercera Parte: Las Preliminares Particulares y la Práctica Principal de Kalachakra

Una vez que hemos completado las prácticas preliminares comunes, estamos listos para adentrarnos en las prácticas preliminares particulares que son específicas del sistema de práctica de Kalachakra. Estas prácticas comienzan con la práctica de la etapa de generación del *Kalachakra Innato*, en la cual nos visualizamos en la forma iluminada de Kalachakra, familiarizándonos así con nuestras propias cualidades iluminadas. Mediante esta práctica de yoga de la deidad, aprendemos a identificarnos más con nuestra propia naturaleza pura en vez de con la realidad distorsionada creada por nuestros estados mentales afligidos. Cuando nos hemos familiarizado con esta percepción pura, podemos adentrarnos en las prácticas profundas de la etapa de consumación de Kalachakra. Estas prácticas ofrecen métodos muy hábiles para lograr una experiencia directa de nuestra propia naturaleza iluminada y erradicar todo tipo de oscurecimientos.

Cuarta Parte: Dos Yogas del Guru Adicionales

La última sección de este libro se dedica a dos prácticas alternas del Yoga del Guru que se utilizan para fortalecer nuestra conexión con los maestros de la tradición Jonang, Kunkhyen Dolpopa y Jetsun Taranatha. Más que cualquier otro maestro, estos dos seres iluminados conforman el co-

INTRODUCCIÓN

razón de la tradición Jonang y son una fuente de bendiciones increíbles. En este libro me centraré en ofrecer un resumen conciso de los puntos esenciales seguido de una breve discusión de algunos temas que considero de beneficio para los practicantes occidentales. El texto raíz se presenta en párrafos indentados con letras cursivas seguidos de un breve comentario. El texto completo también se incluye como apéndice al final de este libro. Si deseas estudiar una presentación más completa de estas prácticas, te recomiendo que leas mi libro Develando tu verdad sagrada a través del camino de Kalachakra, una obra en tres volúmenes que proporciona información detallada sobre la filosofía budista que fundamenta todas estas prácticas.

* * *

Mientras lees este texto, intenta evitar los tres defectos de un contenedor. En primer lugar, evita ser como un contenedor invertido, es decir, tener una mente cerrada donde no entran las enseñanzas. En segundo lugar, evita ser como un contenedor con hoyos en el fondo, o retener muy poco de lo que lees. Y finalmente, evita ser como un contenedor lleno de veneno, contaminado con prejuicios y suposiciones que distorsionan tu comprensión del material.

En su lugar, intenta aplicar las tres sabidurías. Desarrolla la sabiduría del estudio repasando el material una y otra vez. Desarrolla la sabiduría de la contemplación reflexionando sobre el significado de las palabras desde diversas perspectivas, y desarrolla la sabiduría de la meditación arraigando tu comprensión en la experiencia de participar realmente en la práctica del texto raíz. De esta manera, al estudiar, contemplar y meditar con una intención pura, sinceramente espero que gradualmente llegues a descubrir tu propia verdad sagrada de la iluminación.

ཨོཾ་ཏུ་བྷྲཱུཾ་ཨཱཿཧཱུྃ་ཧོ་སྭཱཧཱ།

PRIMERA PARTE

*Preliminares Externos
e Invocación Al Linaje*

— *La Rueda de la Vida* —
Una Representación Tradicional de la Existencia Cíclica

CAPÍTULO UNO

Las Cuatro Convicciones de la Renuncia

El Camino de Kalachakra hacia la iluminación comienza con una contemplación profunda de cuatro temas conocidos como las *Cuatro convicciones de la renuncia* o los *Cuatro pensamientos que dirigen la mente hacia el Dharma*. Primero, reflexionamos acerca de la oportunidad que una preciosa vida humana nos brinda para adentrarnos en la práctica espiritual. En segundo lugar, reflexionamos sobre la impermanencia de todas las cosas, especialmente la certeza de nuestra muerte y la incertidumbre de su momento. En tercer lugar, reflexionamos sobre la naturaleza fundamental de la insatisfacción que enfrentamos en esta vida y las futuras, lo que nos motiva a apartarnos de todo aquello que nos conduce al sufrimiento (incluida lo que conocemos como felicidad ordinaria). Finalmente, contemplamos las enseñanzas de Buda acerca del karma que muestran que somos responsables directos de todo lo bueno o lo malo que nos sucede en esta vida y las futuras, dejando así abierta la posibilidad de seguir un camino que nos conducirá a la liberación.

Si bien todos estos temas se tratan con bastante detalle en el primer tomo de *Develando Tu Verdad Sagrada*, el objetivo aquí es condensar su significado en una sola estrofa:

¡Ay! ¡Piensa! Durante eones innumerables, sólo una vez se obtienenestos dones y libertades tan difíciles de encontrar y tan fáciles de perder. Las condiciones que conducen a la muerte superan mi comprensión: ¡es posible que muera hoy mismo este cuerpo que tanto estimo y protejo! Por eso, buscaré abandonar todas las acciones samsáricas y el extenso sufrimiento

de las no virtudes y las pesadas acciones de retribución inmediata; durante este poco tiempo que me queda, contemplaré los beneficios de la liberación y utilizaré mi cuerpo, palabra y mente para la práctica del Dharma.

De acuerdo con las enseñanzas de Buda, todos estamos inmersos en un ciclo constante de sufrimiento e incertidumbre, que se extiende a lo largo de los procesos de nacimiento, envejecimiento, muerte y renacimiento. Contraria a nuestra creencia limitada de que tenemos el control, la realidad es que nuestras tendencias kármicas –incluyendo nuestros estados emocionales y sus objetos– dominan cada momento de nuestra experiencia. Por lo tanto, constantemente nos encontramos en un estado de angustia e incertidumbre: como nunca sabemos qué traerá el futuro, quedamos sujetos a sentimientos de esperanza, miedo y otras emociones que toman nuestro control. Incluso un helado delicioso tiene el potencial de causarnos insatisfacción cuando se derrite o nos mancha la ropa; también puede convertirse en una fuente de aversión o hasta enfermarnos si lo consumimos en exceso. Esto es lo que se conoce como el sufrimiento fundamental o la naturaleza insatisfactoria de la vida, que a su vez nos conduce a un proceso llamado "existencia cíclica" (o "samsara", en sánscrito). Este proceso que nos condena a experimentar el dolor y el sufrimiento una y otra vez es similar al movimiento de la rueda de un molino de agua o una mosca atrapada en un frasco cerrado.

Este ciclo del samsara carece de principio y sólo termina cuando eliminamos nuestra ignorancia sobre la verdadera naturaleza de la realidad. Esta ignorancia se refiere al hecho de que nos aferramos a una idea distorsionada de nosotros mismos como seres "reales" que "tienen el control", cuando, de hecho, la naturaleza de la realidad es impermanente y no hay una "persona" verdaderamente existente que controla todo. Una vez que nos deshacemos de esta idea de un yo sólido, ya no hay una base firme sobre la que nuestras emociones y karma puedan seguir ejerciendo su influencia implacable, momento a momento y vida tras vida. Escapar de este ciclo es lo que denominamos "liberación".

Los seres humanos tenemos la capacidad asombrosa de comprender la naturaleza de nuestro sufrimiento. Con base en este reconocimiento, un precioso nacimiento humano nos brinda la oportunidad de practicar el Dharma con pureza y, finalmente, lograr la libertad. Mientras poseamos el conjunto excepcional de ocho libertades y diez ventajas, tendremos la capacidad de seguir el camino de Buda. Esto incluye ciertas condiciones externas, como haber nacido en un lugar donde las enseñanzas de Buda sean accesibles, y condiciones internas que tienen que ver principalmente con gozar de un estado mental adecuado.

Sin embargo, estas condiciones son muy difíciles de conseguir, ya que dependen de haber acumulado una gran cantidad de méritos a lo largo de muchas vidas gracias a haber mantenido una disciplina ética pura y otras acciones. Para ilustrar la rareza de este nacimiento humano, Buda relató la historia de una tortuga ciega que vivía en el fondo del océano y que subía a la superficie del mar una vez cada cien años. La probabilidad de un nacimiento humano, dijo, es más remota que la de que la tortuga emerja en el momento exacto para que su cabeza atraviese un aro de madera sacudido por las olas. Pero obtener todas las libertades y ventajas es aún más inusual que esto.

Ahora que efectivamente hemos logrado este precioso renacimiento humano, es crucial que lo aprovechemos no sólo con sabiduría, sino también con urgencia, ya que es extremadamente fácil perderlo. De hecho, este renacimiento es tan inusual que posiblemente sea nuestra única oportunidad de alcanzar la liberación. Ya que el momento de la muerte es incierto y las condiciones que conducen a la muerte están más allá de nuestra comprensión, resulta extremadamente impredecible el tiempo que nos queda para utilizar esta vida para practicar el Dharma. Incluso actividades de la vida cotidiana como ir a trabajar, cuidar del jardín o ir de compras pueden ocasionarnos la muerte. Rara vez se nos ocurre pensar qué llegará primero: el día siguiente o la muerte. Por lo tanto, debemos abandonar todas las preocupaciones mundanas que son la fuente de sufrimiento y nos mantienen encadenados al samsara. Existen *Ocho Dharmas Mundanos* que normalmente buscamos adquirir o tratamos de evitar: (1) la ganancia y (2) la pérdida; (3) el placer y (4) el dolor; (5) la atención y (6) la indiferencia; y (7) la alabanza y (8) la crítica. En lugar de dejar que estas preocupaciones mundanas nos arrastren, deberíamos utilizar nuestro tiempo sabiamente y hacer del Dharma nuestra máxima prioridad.

En términos generales, existen *Diez Acciones no Virtuosas* que debemos esforzarnos por evitar. Tres se refieren al cuerpo: (1) matar; (2) tomar lo que no nos han dado libremente; y (3) la conducta sexual inapropiada. Cuatro son del habla: (4) engañar a los demás por medio de mentiras o palabras engañosas; (5) palabras divisorias que destruyen la armonía entre los demás; (6) palabras hirientes que expresan innecesariamente cosas desagradables a los demás; y (7) palabras sin sentido que carecen de propósito y hacen perder el tiempo. Por último, existen tres acciones relacionadas con la mente: (8) la codicia, que ansía las pertenencias de los demás; (9) la malicia, que desea que los demás experimenten sufrimiento; y (10) sostener opiniones erróneas que confunden la naturaleza real de las cosas, por ejemplo, asumir la existencia de algo que no existe, negar la existencia de algo que sí existe, entre otras. Cada una de estas acciones implica dañar a los demás con el cuerpo o la palabra, o generar estados mentales que nos conducirán a realizar tales acciones. Por lo tanto, la esencia de esta conducta es regirse por la no violencia.

También hay una serie de acciones negativas que tienen consecuencias kármicas particularmente graves y que, por tanto, debemos abandonar por completo. El primer grupo se conoce como los *Ocho Modos de Conducta Incorrectos*: (1) interrumpir la celebración de ofrecimientos de los fieles, impidiendo así que acumulen virtud; (2) perturbar las intenciones virtuosas de los demás, dañando así su mente; (3) carecer de fe en la virtud y despreciarla; (4) aspirar a la no virtud y regocijarse en ella; (5) abandonar el compromiso samaya con el Guru; (6) desalentar a los amigos del Dharma en su deseo de abandonar el samsara; (7) transgredir los compromisos samaya de la deidad yidam; y (8) abandonar la práctica y el retiro del mandala. La esencia de este conjunto es no abandonar las acciones que sirven de apoyo para alcanzar la iluminación.

El segundo conjunto se conoce como *Las Cuatro Acciones Pesadas*. És-

LAS CUATRO CONVICCIONES DE LA RENUNCIA

tas son: (1) jurar actuar de forma inhumana; (2) permitir que degenere la disciplina del shravaka y romper los votos raíz del pratimoksha; (3) permitir que degenere la disciplina del bodhisattva y romper los votos raíz del bodhisattva; y (4) permitir que degenere el samaya tántrico y romper los votos raíz tántricos. En esencia, se trata de mantener la disciplina ética de los tres votos.

Otra versión de estas cuatro acciones se centra en la forma en que nos conducimos en situaciones kármicas muy importantes. Estas incluyen: (1) tomar indebidamente las pesadas prácticas de la ordenación; (2) desarrollar indebidamente los pesados pensamientos de los eruditos; (3) consumir indebidamente los pesados alimentos de los fieles, y (4) utilizar indebidamente la pesada riqueza de los practicantes tántricos. Cada una de estas acciones es pesada en el sentido de que toda acción realizada en torno a estas cuatro tendrá un fuerte impacto en nuestra mente. Es muy importante ser cuidadoso en estas cuatro situaciones para evitar generar un karma negativo pesado.

Finalmente, tenemos *Los Cinco Delitos Horrendos*, que son: (1) matar al propio padre; (2) matar a la propia madre; (3) matar a un arhat; (4) hacer sangrar a un Tathagata con una intención dañina; y (5) provocar un cisma en la Sangha. Estas acciones dan lugar a un karma negativo tan poderoso que dominarán nuestra mente en el momento de la muerte, generando un dolor y un tormento extremos en nuestro próximo renacimiento. Por lo tanto, debemos abandonar estas acciones a toda costa.

En lugar de involucrarnos en estas causas de sufrimiento, debemos esforzarnos por practicar acciones virtuosas tales como proteger la vida, ser generosos, hablar de forma sincera y amable, así como cultivar cualidades mentales virtuosas como la compasión, la humildad y una visión sabia de la realidad. Esto no tiene nada que ver con sentirnos culpables o ser rígidos en nuestra forma de actuar, sino con adquirir la certeza para identificar qué acciones nos benefician a nosotros mismos y a los demás. Con el tiempo y la experiencia, nuestra confianza en esta ley natural del karma irá creciendo.

Si morimos mañana sin haber desarrollado nuestras cualidades espirituales, definitivamente permaneceremos sin libertad en este interminable ciclo de nacimiento, envejecimiento, enfermedad y muerte. Tras haber reflexionado profundamente sobre los beneficios de la liberación, debemos practicar el Dharma con urgencia, perseverancia y gran disciplina para alcanzar la libertad definitiva de la iluminación en el poco tiempo que nos queda.

Lo más importante de estas cuatro contemplaciones es que nos sintamos realmente desilusionados o hastiados con el samsara, que tomemos conciencia de los aspectos intrascendentes de esta vida y que aspiremos con una firme determinación a "salir" de este patrón. Aunque observamos todo el dolor y el tormento, afortunadamente también vemos una forma de salir: así desarrollamos la gran esperanza de que la liberación es posible y el deseo de compartir esta esperanza con los demás.

Estos cuatro pensamientos también nos recuerdan que, de entre todas las cosas que podríamos hacer con nuestra vida, practicar el Dharma de forma auténtica y sincera es realmente la actividad más importante y benéfica. Aunque a veces tengamos la sensación de estar nadando contra corriente al hacer algo que los demás pueden considerar extraño o inútil, también podemos confiar en el propósito profundo que subyace a nuestras acciones.

EXHALACIÓN DEL AIRE VICIADO

Tras haber contemplado las cuatro convicciones, podemos prepararnos para la siguiente práctica con este sencillo ejercicio de respiración:

Comienza tapando la fosa nasal izquierda con el mudra de pacificación y exhala tres veces por la fosa nasal derecha, luego cambia a la otra fosa nasal. Termina exhalando tres veces por ambas fosas nasales. Visualiza que todas las aflicciones y negatividades abandonan tu cuerpo en forma de humo negro.

Esta técnica se conoce como "exhalación del aire viciado". Consiste en visualizar que todas nuestras impurezas se transforman en un humo negro que expulsamos con fuerza por las fosas nasales, con el fin de empezar nuestra práctica con una mente despejada.

Esto ayuda a eliminar las corrientes de energía nociva asociadas con la respiración que conducen las huellas de mentes aflictivas como el apego, la aversión y la ignorancia. Una versión sencilla de esta práctica consiste en hacer tres respiraciones profundas, inhalando cada vez hasta la boca del estómago y manteniendo la respiración unos instantes, para luego exhalar con fuerza a través de ambas fosas nasales al tiempo que visualizamos que todas las energías impuras, como la lujuria y el odio, abandonan nuestra mente y cuerpo.

Una versión más elaborada consiste en hacer tres rondas de tres exhalaciones, lo que suma un total de nueve exhalaciones:

1. Primero doblamos los dedos corazón, anular y pulgar de la mano izquierda hacia la palma. Esto formará lo que se conoce como el "mudra pacificador", es decir, los dedos meñique e índice de la mano apuntando hacia fuera. Con un movimiento suave, fluido y elegante, llevamos el dedo índice izquierdo hacia la fosa nasal izquierda. En silencio, inhalamos profundamente por la boca. Cerramos la fosa nasal izquierda con el dedo índice izquierdo y expulsamos el aire en tres exhalaciones largas por la fosa nasal derecha.

2. Regresamos la mano izquierda a su posición natural en el regazo mientras llevamos el dedo índice derecho hacia arriba con el mismo movimiento elegante. Después de inhalar, presionamos la fosa nasal derecha y exhalamos por la izquierda de la misma manera que antes.

3. Por último, llevamos ambas manos a su posición natural en el regazo, inhalamos profundamente por ambas fosas nasales y luego exhalamos por ambas fosas nasales en tres exhalaciones largas.

— *Kunpang Thukje Tsondru* —
Gran Maestro Kalachakra que fundó el Retiro de la Montaña Jonang

CAPÍTULO DOS

Invocación Breve a Los Maestros del Linaje Jonang

Tras recitar y reflexionar sobre *Las Cuatro Convicciones de la Renuncia*, invocamos a ocho importantes Lamas que fueron responsables de fundar o establecer las grandes instituciones monásticas de la tradición Jonang. Cuando hablamos de linaje nos referimos a la transmisión de las enseñanzas en una línea ininterrumpida que va desde el Buda hasta nuestros días. La autenticidad de un linaje se basa en la experiencia real o en la realización de la verdad de dichas enseñanzas. Este conocimiento experiencial se pasa de maestro a discípulo a lo largo de muchas generaciones, acompañado de la transmisión de escrituras o comentarios auténticos basados en las palabras del Buda.

Si no establecemos un compromiso firme con un linaje auténtico, no podremos alcanzar el objetivo final de la Iluminación perfecta y completa. En cambio, si seguimos las enseñanzas que se han transmitido a través de dicho linaje, podremos progresar gradualmente por el camino y, finalmente, alcanzaremos el objetivo final de la budeidad.

En las ciencias, por ejemplo, se suelen valorar los conocimientos que son resultado de investigaciones previas en campos determinados. Sin ese conjunto de conocimientos sería muy difícil lograr nuevos descubrimientos. Del mismo modo, un linaje espiritual representa la continuidad de los descubrimientos que han realizado los grandes practicantes espirituales y que podemos utilizar para reproducir su experiencia.

El linaje de las enseñanzas de Kalachakra comenzó cuando Suchandra, el rey de Shambala, solicitó enseñanzas a Buda Shakyamuni. Suchandra y sus sucesores conservaron este linaje en Shambala durante muchos cientos de años. Finalmente, en el siglo X, las enseñanzas se transmitieron a la India y, unos siglos más tarde, llegaron al Tíbet, donde los practicantes de la tradición Jonang fueron los principales responsables de mantenerlas. Dentro de esta tradición, las dos figuras más destacadas fueron el Omnisciente Dolpopa Sherab Gyaltsen y el Excelso Señor Taranatha. Estos dos maestros inigualables alcanzaron grandes realizaciones espirituales, compusieron muchos textos influyentes y fueron los responsables de establecer el extraordinario plan de estudios y prácticas que se utiliza en los monasterios Jonang hasta el día de hoy.

INVOCACIÓN A LOS MAESTROS JONANG

Invocar al linaje significa establecer una conexión con la influencia espiritual de los grandes maestros del pasado, así como con el omnisciente Buda, la fuente primordial de ese linaje. Estos maestros dedicaron sus vidas a alcanzar la Iluminación y a preservar las preciosas enseñanzas de Kalachakra. Por lo tanto, al traerlos a la mente formamos un vínculo con sus aspiraciones atemporales. Si lo hacemos con una intención lo suficientemente pura, es posible que realmente sintamos la presencia de estos maestros y recibamos su guía.

Sin embargo, en el fondo no estamos invocando nada que se encuentre fuera de nosotros, ya que estos maestros no son más que una manifestación mágica de nuestra propia naturaleza iluminada. De este modo, al recordar los logros de estos grandes seres, reconocemos nuestro propio potencial para manifestar esas mismas cualidades.

Algunos practicantes no recitan esta invocación breve, ya que la mayoría de los ocho Lamas que aquí se mencionan también se incluyen en la oración del linaje extensa que sigue. Si disponemos de poco tiempo, podemos optar por pasar directamente a la invocación del linaje extensa.

El Lama Raíz

Glorioso y precioso Lama Raíz, tras sentarte sobre el loto de devoción en mi coronilla y la de los demás seres por favor, bendícenos con tu gran compasión, cuida de nosotros con tu gran bondad y concédenos los siddhis de tu cuerpo, palabra y mente.

En primer lugar, invocamos a nuestro glorioso y precioso Lama raíz, o "Palden Lama" en tibetano. *Palden* significa "aquél que posee gloria o riqueza". *Lama* es la palabra tibetana equivalente al término sánscrito Guru, que literalmente significa "pesado" o lleno de buenas cualidades. En tibetano, *la* significa "por encima de" y *ma* significa "alguien que posee". Cuando se combinan se forma la palabra *Lama*, que significa "aquél que está por encima". Aunque aquí la palabra Lama es singular, en realidad en tibetano no hay una distinción entre singular y plural. Por lo tanto, nuestro Lama raíz no se refiere necesariamente a un solo maestro; de hecho, podemos tener uno, tres o incluso más maestros raíz, así como muchos otros maestros secundarios que, como ramas, ocupan distintos niveles de importancia en nuestro viaje espiritual.

Ahora bien, puede ser que, tras un examen minucioso, encontremos a un maestro en particular que sea el más bondadoso con nosotros o cuya sabiduría nos parezca la más penetrante. Si este es el caso, debemos considerarlo como nuestro Lama raíz y honrarlo y respetarlo en todo momento, ya que se trata de la relación más importante que tendremos en la vida.

Visualizar al Lama sentado sobre el loto de la devoción en nuestra coronilla simboliza la importancia del Lama y la necesidad de seguir sus instrucciones si queremos avanzar en nuestro desarrollo espiritual. En la cultura asiática, y en particular en la tibetana, situarse por debajo de otra persona es un signo de gran respeto; por este motivo, visualizamos al Lama sobre nuestra coronilla. Esta es también la razón por la que se acostumbra que los Lamas se sienten en una posición elevada cuando dan enseñanzas, pues recuerda a los discípulos que deben mostrar un gran respeto al maestro y al precioso Dharma que imparte.

Si aspiramos a ser practicantes tántricos, al dormirnos hemos de visualizar al Lama en el centro de nuestro corazón, sentado en el centro de una flor de loto; luego, al despertarnos, hemos de imaginar que asciende por nuestro canal central para situarse en nuestra coronilla durante el resto del día. De este modo, desarrollaremos una conexión fuerte con su presencia y adquiriremos confianza en nuestra propia naturaleza búdica, representada por el Lama.

Rezar al Lama para que nos bendiga con su gran compasión y bondad es una forma de recordarnos que el Lama representa al Buda. En algunas vertientes del budismo se considera al Lama como un entrenador o un amigo espiritual que está recorriendo el mismo camino, mientras que en el budismo Vajrayana se le considera como la encarnación de todos los seres iluminados. Se dice que si lo vemos como un ser humano recibiremos las bendiciones de un ser humano, mientras que si lo vemos como un Buda, recibiremos las bendiciones de un Buda. Recibir bendiciones significa que nuestras propias buenas cualidades se incrementarán como resultado de nuestra fe y devoción; esto proviene de nuestro interior y no de alguna fuente externa.

El honor y la devoción que sentimos hacia el Lama no se basan en una fe ciega o teísta, sino en una fe clara y convencida. Esto implica que hemos analizado cuidadosamente, puesto a prueba y adquirido confianza en las enseñanzas de Buda, y que también hemos adquirido confianza en las buenas cualidades del Lama, especialmente en su bondad y en su deseo de mostrarnos el camino hacia la iluminación. Aunque la bondad y la compasión que muestran los Lamas no sean exactamente como la que muestra una madre a su hijo, sin duda producirán el máximo beneficio posible para el discípulo. Por esta razón, podemos considerar su cuerpo, palabra y mente como sagrados.

Los *siddhis* que concede el Lama son logros o poderes espirituales que desarrollamos gracias a la práctica espiritual. Estos pueden ser "ordinarios" o "supremos". Los siddhis ordinarios incluyen habilidades sobrenaturales como la clarividencia, mientras que los siddhis supremos se refieren a las cualidades de la realización iluminada.

El texto continúa con plegarias a ocho Lamas clave de la tradición Jonang. Recordemos que, según la costumbre tibetana, los Lamas tienen muchos nombres distintos; por eso, algunos de estos Lamas reciben títu-

los diferentes más adelante en la práctica.

Kunkyen Dolpopa Sherab Gyaltsen

Conoces con exactitud el significado de los tres giros de la rueda del Dharma, comprendes los atributos de las cuatro clases de tantra y muestras el camino inequívoco a todos los seres. Dolpopa, omnisciente Señor del Dharma, a ti elevo estas súplicas.

Dolpopa Sherab Gyaltsen es una figura central en la tradición Jonang. Se le conoce como *omnisciente* por haber sido un erudito excepcional y un maestro de meditación altamente realizado. Su logro principal fue establecer el sistema unificado de la práctica Jonang, que conjugaba el linaje del sutra del Madhyamaka Zhentong con el linaje tántrico del Tantra de Kalachakra. Muchos sutras y tantras, como el *Sutra del Gran Tambor*, profetizaron el nacimiento de Dolpopa en 1292, en una remota región del Tíbet occidental. Por lo general, se considera que era una emanación del bodhisattva Avalokiteshvara y del rey Pundarika de Shambhala.

Monje de gran pureza y perfecta conducta moral, Dolpopa se formó inicialmente en un monasterio Sakya y con frecuencia viajó a muchos de los monasterios de los alrededores para recibir enseñanzas y meditar. Cuando tenía treinta años se dirigió al Valle de Jomonang para visitar el *Retiro de la Montaña Jonang*. Quedó tan asombrado de las realizaciones de los practicantes Jonang que decidió renunciar a su prestigioso cargo de abad Sakya y mudarse a Jomonang para convertirse en meditador.

Dolpopa pasó gran parte de su vida en retiro, donde finalmente alcanzó la realización de los cuatro primeros Yogas Vajra y un dominio completo de los tres primeros. Fue entonces cuando la visión Zhentong se manifestó claramente en su mente, lo que le reveló el significado definitivo de las enseñanzas finales de Buda sobre la naturaleza búdica y le mostró cómo todas las enseñanzas podían comprenderse sin contradicciones. Esta filosofía, basada en gran medida en los *Cinco Grandes Tratados de Maitreya*, se convertiría en la piedra angular del plan de estudios Jonang y proporcionaría un método crucial para unir la teoría y la práctica tanto del sutra como del tantra. Gracias a los brillantes escritos de Dolpopa, la visión Zhentong cobró mayor prominencia y muchos la consideraron como el pináculo del pensamiento filosófico.

Como cuarto abad del monasterio de Jonang, Dolpopa viajó por toda la región de Ü-Tsang, impartiendo enseñanzas, componiendo textos y debatiendo con todos los eruditos destacados de su época. Durante la construcción de la Gran Estupa de Jonang, Dolpopa completó su excelente texto conocido como *La Doctrina de la Montaña*. Con un océano de citas de las escrituras, Dolpopa rebatió sistemáticamente todas las objeciones que habían planteado sus contemporáneos y demostró la profunda verdad que subyace en la filosofía Zhentong. Se dice que, durante ese tiempo, no había nadie en la provincia de Ü-Tsang que no contara a Dolpopa como uno de sus maestros más venerados.

En sus últimos años, Dolpopa decidió renunciar a las responsabilidades de abad y se dedicó a la meditación y la enseñanza. Posteriormente, sus realizaciones se hicieron aún más profundas y sutiles. Como consecuencia, mostró muchas capacidades extraordinarias, como la de ya no necesitar comer ni beber. Sin embargo, cuando ingería alimentos, parecía como si no hubiera límite para la cantidad que podía comer; no obstante, por mucho que comiera, nunca había desechos, ya que todo se consumía en el ardor de su fuego interior.

En 1361, poco después de que Dolpopa regresara de un largo viaje a Lhasa, pasó al parinirvana en medio de innumerables signos auspiciosos. Si bien hace tiempo que su cuerpo físico se ha disuelto, su presencia espiritual continúa hasta nuestros días. Por este motivo, rezamos para que siga mostrando el camino inequívoco a todos los seres.

Kazhipa Rinchen Pel

Encarnación de las actividades de todos los Vencedores. Por medio de los cuatro poderes sublimes, haces resplandecer el sol de la doctrina preciosa en las tierras fronterizas. Glorioso Kazhipa, a tus pies elevo estas súplicas.

Kazhipa Rinchen Päl (Ratna Shri en sánscrito), nació en el seno de una familia noble en Gyalrong, región al oriente del Tíbet. Antes de su nacimiento se profetizó que esclarecería el significado de numerosos tantras secretos y liberaría a muchos seres sensibles. Tras desarrollar una sólida base en el Dharma, Kazhipa viajó a Ü-Tsang, donde estudió de la mano de muchos de los discípulos de corazón de Dolpopa, como Chokle Namgyal y Nyabön Kunga. Tras recibir las enseñanzas completas del omnisciente Jonangpa, se convirtió en un sostenedor del linaje altamente realizado. A su regreso, fundó el famoso *Monasterio de Choje* en Dzamthang, al que siguieron numerosos monasterios filiales en las regiones vecinas.

Según las enseñanzas básicas del budismo, Buda fue un príncipe indio que renunció al mundo convencional y alcanzó posteriormente la Iluminación. Sin embargo, desde el punto de vista del budismo mahayana, Buda ya estaba iluminado y su vida fue simplemente una muestra o un ejemplo de cómo seguir el camino que enseñaba. Del mismo modo, podemos considerar que todos los grandes maestros de este mundo ya están iluminados y que aparecen en forma humana por su gran compasión, para guiar a los demás por este camino. Por ejemplo, podemos considerar a alguien como el Dalái Lama como un ser iluminado que nace en nuestro mundo como un "simple monje" y líder, y mostrar una vida de tolerancia y compasión Es desde esta perspectiva que nos referimos a maestros como Khazipa como la "encarnación de las actividades de todos los Vencedores".

Los *Cuatro Poderes Sublimes*, también conocidos como las cuatro actividades de Buda, describen las diversas formas en que los Budas pueden beneficiar a los seres en distintas situaciones. Estos poderes son: (1) pacificar o generar paz; (2) incrementar o enriquecer las posibilidades; (3) controlar situaciones o circunstancias; y (4) someter o destruir negatividades con una compasión colérica.

Tsechu Rinchen Drakpa

Adornado con las preciosas cualidades de las escrituras y realizaciones, conduces a la liberación a quien te vea, escuche, recuerde o toque. La maravilla de tus obras virtuosas desafía la comprensión. Rinchen Drakpa, a tus pies elevo estas súplicas.

Rinchen Drakpa (Ratnakirti en sánscrito) nació en 1462 y fue el discípu-

lo más cercano del Gyalwa Chöje Khazhipa Rinchen Päl. Ratnakirti fue responsable de fundar la segunda institución monástica más importante de la región de Dzamthang: el *Monasterio de Tséchu*. Experto erudito y autor de numerosos textos sobre la práctica del Kalachakra y otros temas, Rinchen Drakpa estaba *"adornado con las preciosas cualidades de las escrituras y realizaciones"*. Gracias a la hábil labor de Khazipa y Rinchen Drakpa, la tradición Jonang floreció en las regiones orientales del Tíbet.

La afirmación *"conduces a la liberación a quien te vea, escuche, recuerde o toque"* se refiere a la conexión kármica que se crea al encontrarse con un gran ser que se ha comprometido a conducir a la iluminación a todo aquel con quien se encuentre. Sin duda, la semilla plantada por esta conexión madurará y terminará dando frutos sumamente beneficiosos.

Chöje Gyalwa Sangye

Te enconmendaste ante numerosos amigos espirituales sagrados,nmantuviste una disciplina monástica pura bajo la doctrina del Buda, y con sabiduría inmaculada, perseveraste en el bienestar de los demás. Gyälwa Senge, a tus pies elevo estas súplicas.

Chöje Gyalwa Sangye fue la primera reencarnación de Ratna Shri, el fundador del monasterio de Chöje. Nacido como Rinchen Sangpo en la región de Zhakshöd en Gyalrong, posiblemente sea mejor conocido por haber formado a cientos de practicantes eruditos y haberlos enviado a las regiones aledañas para enseñar el Dharma. Se dice que Gyalwa Sangye y sus discípulos establecieron exitosamente más de ciento ocho monasterios filiales. Exhibió muchas cualidades iluminadas, tales como una renuncia increíble, votos monásticos puros, una disciplina estricta que evitaba incurrir en la más mínima transgresión, una concentración inquebrantable y una sabiduría incomparable. Así pues, fue un ejemplo brillante para todos los que lo conocieron.

Jetsun Taranatha

Preciosa fuente de toda felicidad y bienestar, principal de entre todos los Budas y refugio único para todos los seres, eres la esencia de la budeidad, el protector del samsara y el nirvana. Kunga Nyingpo, a tus pies elevo estas súplicas.

Kunga Nyingpo, también conocido como Jetsun Taranatha o Drolwe Gonpo, fue uno de los maestros más importantes del linaje Jonang. Vivió de 1575 a 1635 y se cree que era la reencarnación del gran maestro rimé Jonang Kunga Drolchok. Estudió intensamente en el monasterio de Cholung Jangtse, donde completó rápidamente los cinco temas principales de las escrituras budistas, así como los tantras. Por tal motivo, recibió la transmisión de todos los linajes del Budismo Vajrayana.

Uno de los logros más célebres de Taranatha fue la composición de una historia del Dharma en la India, basada en los recuerdos de una de sus vidas anteriores como el mahasiddha indio Drupchen Nakpopa. En la actualidad, esta historia del Dharma sigue considerándose fidedigna y muchos eruditos la utilizan extensamente como referencia. Taranatha también fundó el gran monasterio Jonang de *Takten Damchö Ling*, donde escribió unos cuarenta volúmenes de textos sobre una amplia variedad de temas. En particular, textos como *La Esencia de la Vacuidad del Otro* contribuyeron a aclarar malentendidos sobre la visión Zhentong y a revivir la filosofía original de Dolpopa. También benefició a los seres de innumerables maneras y fue aclamado como un gran ornamento de las enseñanzas definitivas de Buda y la fuente de toda felicidad y bienestar.

Como hemos visto, desde la perspectiva del Vajrayana, todos los grandes seres son manifestaciones de los Budas, que a su vez son uno en su naturaleza de sabiduría. Por lo tanto, podemos decir que Taranatha encarna a todos los Budas y es el único refugio de todos los seres. Los protege del sufrimiento y el dolor del samsara, así como de la tentación de buscar el nirvana, una versión limitada de la iluminación donde el continuo mental se "aparta" del objetivo más vasto de liberar a todos los seres.

Chalongwa Ngawang Trinle

Cuando se abren los ocho pétalos de tu palabra, Señor, los inteligentes buscadores de la omnisciencia se deleitan, cual enjambre de abejas, en el banquete de la miel de tus acciones. Chalongwa, árbol que colma los deseos, a ti elevo estas súplicas.

Chalongwa Ngawang Trinle nació en 1657 y estudió gran parte de su juventud en el monasterio de Chalong en Tsang. Más tarde se convirtió en un discípulo muy cercano de Khedrup Lodrö Namgyal, quien había sido responsable de la fundación del *Monasterio de Tsangwa*, la tercera mayor institución monástica construida en Dzamthang. Siguiendo los pasos de su maestro, Ngawang Trinle viajó al oriente del Tíbet, donde dedicó bastante tiempo a guiar a un gran número de discípulos y hacer de Tsangwa un importante centro para el estudio y la práctica del Dharma Jonang. Reconocido por su gran sabiduría y sus habilidades excepcionales, muchos reyes y dirigentes lo invitaron a visitar diversas regiones.

El árbol que colma los deseos es uno que da frutos de acuerdo con nuestros deseos, necesidades o anhelos. Del mismo modo, un gran maestro puede presentar el Dharma de manera que se ajuste perfectamente a las necesidades y aspiraciones de su audiencia. Así, el discurso de Chalongwa se asemeja a las flores que se abren cuando se dan las condiciones adecuadas, y sus enseñanzas se comparan con el polen que, como un elixir dulce, atrae a nuevos seguidores.

Ngawang Tenzin Namgyal

Señor de palabra victoriosa y cuerpo perfecto, fuente de cualidades supremas y gran océanos de disciplina moral, completamente engalanado por una colección de joyas de la erudición. Supremo Gawe Chöpel, a ti elevo estas súplicas.

Gawi Chöpel, también conocido como Ngawang Tenzin Namgyal, nació en 1691 y fue el primer Maestro Vajra de Kalachakra que residió en el monasterio de Tsangwa. Reconocido como la primera reencarnación de Lodrö Namgyal, fundador de Tsangwa, Gawi Chöpel recibió las enseñanzas completas del Jonang de su maestro Ngawang Trinle. Cuando apenas tenía diez años, entró en retiro y logró muchas realizaciones. Durante gran parte de su vida adulta, Tenzin Namgyal se dedicó a la práctica continua de los Seis Yogas Vajra en sitios remotos como la Cueva de Amitabha, lugar de meditación de Padmasambhava.

Su capacidad para superar con poderes mágicos los obstáculos en el establecimiento del sistema de enseñanza y práctica del Jonang fue algo que le valió la fama a Gawi Chöpel. Guiado por el contacto directo con las deidades y su habilidad suprema para la meditación, tuvo un gran impacto en su entorno y benefició a muchos con sus enseñanzas. También fue conocido por su conducta moral sublime y sus conocimientos insuperables. En 1738, de acuerdo con su propia profecía, falleció tras haber pasado todo el día dando consejos y predicciones a sus discípulos.

En esta estrofa podemos apreciar otro ejemplo del uso del lenguaje Vajrayana cuando se describe a Gawi Chöpel como una emanación de Buda que posee palabra victoriosa y cuerpo perfecto y otras cualidades supremas. Generalmente se describe a los Budas en términos de cinco tipos de características: cuerpo, palabra, mente, cualidades y actividades. Podemos decir entonces que los grandes Lamas son emanaciones de la palabra del Buda, emanaciones de la mente del Buda y así sucesivamente.

Kunzang Trinle Namgyal

Eres Manjushri, la sabiduría y amor de infinitos Vencedores; Avalokiteshvara, el Señor de compasión ilimitada; y Samantabhadra, encarnación del poder subyugador de Munindra. Trinle Namgyal, a tus pies elevo estas súplicas.

Kunzang Trinle Namgyal nació en la región de Gyalrong, al este del Tíbet, y fue la segunda reencarnación del famoso Lodrö Namgyal, del monasterio de Tsangwa. Desde muy joven se adiestró con diligencia en el Dharma, entablando relaciones espirituales con muchos grandes maestros y recibiendo innumerables empoderamientos e instrucciones. Alcanzó realizaciones extraordinarias y era especialmente conocido por su sabiduría que, según se decía, era igual a la de innumerables budas, en particular a la del bodhisattva Manjushri.

Por este motivo, Trinle Namgyal fue un maestro de Dharma muy buscado que atrajo a muchos discípulos.

Manjushri es un bodhisattva elevado que encarna la sabiduría de todos los budas. Otros bodhisattvas encarnan distintas cualidades: por ejemplo, Avalokiteshvara (*Chenrezig* en tibetano) encarna la compasión de todos los Budas, y Vajrapani encarna su poder. Por lo tanto, en esta estrofa se honra a Trinlé Namgyal como alguien que muestra las cualidades iluminadas de la sabiduría, la compasión y el poder.

Todos los maestros de Dharma

Con sólo recordarlos se disipa todo sufrimiento, y encomendarse con devoción a ustedes concede lo inigualable y supremo. Preciosos Gurus raíz que revelan el significado de los empoderamientos, las transmisiones y las enseñanzas esenciales, a todos ustedes elevo estas súplicas.

Esta última estrofa hace referencia a todos los preciosos maestros del Dharma que hemos encontrado a lo largo de nuestra vida, ya sea que nos hayan dado transmisiones, empoderamientos, instrucciones personales u otras clases de enseñanzas auténticas. No importa si recibimos un trocito de Dharma o grandes volúmenes de preciosas enseñanzas: pensar en nuestros maestros debería brindarnos un refugio contra el sufrimiento y aportarnos paz mental, siempre y cuando hayamos desarrollado confianza en sus enseñanzas. Si tenemos devoción y la motivación necesaria para practicar con diligencia, no hay duda de que, con el tiempo, alcanzaremos la iluminación como resultado de esta conexión sagrada.

HOMENAJE DEL AUTOR

OM GURU BUDDHA BODHISATTVA BHAYANA NAMO NAMAH
Fundamento de todas las perfecciones que a todos los seres confiere generosamente el Dharma, la joya que colma los deseos de estado insuperable. Oh, Guru, con devoción me postro a tus pies.

INVOCACIÓN BREVE A LOS MAESTROS DEL LINAJE JONANG

Este es el homenaje del autor y normalmente no forma parte de la práctica. El Lama o Guru es quien nos conduce por el camino de la Budeidad al concedernos generosamente la joya del Dharma que cumple los deseos y, por lo tanto, es la fuente de todas las buenas cualidades. Con frecuencia, los autores rinden homenaje a los seres sagrados para disipar los obstáculos que se interpongan en su labor.

— *La Tradición Jonang-Shambhala* —
Maestros de los Seis Vajra Yogas de la Etapa de Finalización de Kalachakra

CAPÍTULO TRÊS

Invocación Extensa al Linaje de Yoga Vajra

La siguiente oración tiene el objetivo específico de ayudarnos a cultivar una conexión fuerte con los Lamas del linaje de los Seis Yogas Vajra del profundo Camino de Kalachakra. Como mencioné anteriormente, Buda Shakyamuni transmitió estas enseñanzas por primera vez al Rey del Dharma Suchandra de Shambala. Suchandra llevó esas enseñanzas a Shambala, donde se conservaron durante unos mil setecientos años. Las enseñanzas se transmitieron posteriormente al Mahasiddha Manjuvajra, quien llegó a ser conocido como el Gran Kalachakrapada. Las enseñanzas florecieron en la India durante un tiempo y finalmente se diseminaron en el Tíbet a través de más de diecisiete linajes distintos.

El gran pandita Somanatha transmitió un linaje particularmente completo de instrucciones esenciales al traductor tibetano Dro Sherab Drak. Esta tradición se conoció como la tradición Dro, misma que posteriormente se propagó a través de una serie de yoguis extraordinarios que alcanzaron las más altas realizaciones. Después de más de ocho generaciones, el gran erudito y practicante Kunpang Thukje Tsondru combinó los diecisiete linajes en una sola corriente unificada. Durante este proceso, Thukje Tsondru fundó el Retiro de la montaña Jonang en el valle sagrado de Jomonang.

Muchos grandes maestros acudieron a Jonang para meditar en el profundo sistema de los Seis Yogas Vajra. El más grande de todos fue el omnisciente Rey del Dharma Dolpopa Sherab Gyaltsen, quien develó el significado definitivo de la visión Zhentong y estableció el sistema unificado de estudio y práctica que se convertiría en el fundamento de la tradición

Jonang. El Dharma Jonang continuó floreciendo en las provincias de Ü y Tsang hasta bien entrado el siglo XVII; sin embargo, debido a la inestabilidad política y a los conflictos sectarios, muchos maestros Jonang se vieron obligados a buscar refugio en las remotas regiones orientales de Amdo y Kham.

A partir de entonces, el linaje se ha preservado en un flujo ininterrumpido gracias a los grandes Maestros Vajra de los famosos monasterios de Dzamthang: Chöjé, Tséchu y Tsangwa. Desde estos centros principales, el linaje se extendió a cientos de monasterios secundarios, lo que dio lugar a diferentes listados de sostenedores del linaje. Uno de los linajes más destacados se transmitió a través de Ngawang Lodrö Drakpa, prolífico erudito y practicante del siglo XXI, y posteriormente de sus discípulos Yonten Zangpo y Kunga Sherab Salje.

El linaje que se presenta en este libro se transmitió a través del consumado yogui Ngawang Chözin Gyatso, y llegó hasta mi precioso maestro Kyabje Lama Lobsang Trinle. Este es el linaje que actualmente se conserva en el monasterio de Tashi Chöthang, una filial del monasterio mayor de Tsangwa en Dzamthang. Gracias a los esfuerzos de los maestros Jonang modernos en la India, Australia y Estados Unidos, las enseñanzas de estos linajes están empezando a difundirse fuera del Tíbet.

INVOCACIÓN AL LINAJE DEL YOGA VAJRA

La invocación a los maestros del linaje comienza con una visualización que al principio puede parecer bastante elaborada, pero que, a medida que nos familiaricemos con los distintos elementos, nos resultará más fácil. De este modo, visualizamos a toda la asamblea de maestros del linaje, comenzando por el Buda Primordial, Vajradhara, Kalachakra y Buda Shakyamuni. Una vez que hayamos hecho la visualización, podremos solicitar sus bendiciones.

INVOCACIÓN EXTENSA AL LINAJE DEL YOGA VAJRA

Visualización

Visualiza que en el espacio frente a ti, en el centro de una multitud de arcoiris de cinco colores, encima de cinco asientos de loto, luna, sol, Rahu y Kalagni dispuestos sobre un trono sostenido por leones, se encuentra la esencia de tu Guru raíz bajo el aspecto del soberano vencedor Vajradhara.

Su cuerpo es de color azul, con un rostro y dos brazos, y sostiene un vajra y una campana cruzados a la altura del corazón. Está sentado con las piernas en la postura del vajra y engalanado con sedas y los seis ornamentos preciosos –una corona, pendientes, collares, brazaletes, pulseras y tobilleras–. Todas las marcas y signos de un Buda lo adornan por completo.

A su alrededor se encuentran todos los maestros del linaje de los Seis Yogas Vajra, como el sublime Buda Primordial, Kalachakra (el cuerpo de deleite), Buda Shakyamuni (el cuerpo de emanación), los treinta y cinco Reyes del Dharma de Shambala, entre otros. El cuerpo de todos ellos exhibe una majestuosidad radiante y se sitúan frente a ti llenos de alegría.

Cada uno de los elementos de esta visualización tiene un significado profundo. Por ejemplo, los cuatro asientos de luna, sol, Rahu y Kalagni representan las cuatro gotas del estado de vigilia, el estado de sueño, el estado de sueño profundo y el estado de sabiduría primordial, respectivamente. Guru Vajradhara, que es la encarnación tántrica de la Iluminación, se sienta majestuosamente sobre un trono de león y es inseparable de la naturaleza de nuestro propio Lama raíz. Aunque pueda parecer artificiosa, esta visualización no es una fantasía ni la creación de algo nuevo; más bien es un medio profundamente hábil para desarrollar la "percepción pura" de la realidad iluminada que trasciende todas las nociones y distinciones dualistas ordinarias.

Cada atributo del cuerpo de Vajradhara tiene también un profundo significado. El vajra de cinco puntas cruzado con la campana representa la unión de la sabiduría indestructible y la compasión, y las marcas y ornamentos simbolizan otros aspectos de la realidad iluminada, tales como los cinco agregados y las ocho conciencias purificadas. Aunque es útil visualizar la forma de Vajradhara para contrarrestar nuestra percepción ordinaria, es posible que para algunas personas resulte más beneficioso visualizar al Lama en su forma humana ordinaria.

Según la tradición, podemos tomarnos unos minutos para establecer esta visualización antes de recitar las oraciones, y es preferible visualizar a todos los maestros del linaje reunidos, con cuerpos de aspecto radiante, espléndido y agradable. Sin embargo, prestar demasiada atención a los detalles puede convertirse en un obstáculo. Lo más importante es ocupar la mente en sentir una fuerte conexión con el linaje, pensando que todos estos seres sagrados están realmente presentes. Mientras recitamos la oración, podemos evocar individualmente a cada uno de los maestros del linaje y traer a la mente todos los detalles que podamos recordar de sus historias. Practicar de este modo crea un vínculo entre nosotros y el precioso linaje. Esta conexión es la que nos acercará a la realidad sagrada de nuestra propia naturaleza búdica.

Oraciones a los Lamas Raíz y del Linaje

Guru raíz, ante ti elevo estas súplicas.
Lamas Raíz y del linaje, ante ustedes elevo estas súplicas.
Ante el linaje, la joya que concede los deseos, elevo estas súplicas.

Rendir homenaje y elevar plegarias a los Lamas Raíz y del linaje es una forma de mostrar nuestro más profundo honor y respeto, pues nos recuerda lo valiosa que es esta relación espiritual. La palabra tibetana para Lama Raíz es "tsawe lama", y se refiere al maestro o maestros del Dharma hacia los que sentimos más gratitud, aquéllos que nos han mostrado personalmente el camino hacia la liberación. De todos los maestros con los que nos hemos encontrado, nuestro Lama Raíz es aquel que considera-

INVOCACIÓN EXTENSA AL LINAJE DEL YOGA VAJRA

mos el más importante, aquel del que hemos recibido el mayor número de enseñanzas o aquel que nos ha beneficiado más de forma iluminada. Puede tratarse de uno o más Lamas, ya que su número no está limitado.

Aunque quizá no hayamos recibido enseñanzas directas de los otros maestros del linaje, ellos también forman parte integral del linaje de transmisión. Sin este linaje de transmisión, no es posible alcanzar la iluminación; por lo tanto, el linaje es como una joya que cumple los deseos, y concede cualquier anhelo que tenga una persona. Aunque no los hayamos conocido, debemos sentir una profunda humildad y gratitud hacia estos maestros, a fin de establecer una conexión espiritual con este linaje sagrado.

Concedan sus bendiciones para que la transmisión del linaje descienda sobre mí.
Concedan sus bendiciones para que éstas entren en mi corazón.
Concedan sus bendiciones para que se disipe la oscuridad en mi mente.

Como se explicó anteriormente, conforme recibimos bendiciones, nuestras buenas cualidades aumentan y nos acercamos más a la realidad de nuestra naturaleza búdica. El linaje de transmisión es como una escalera que nos ayuda a descubrir esta naturaleza, conduciéndonos a una transformación profunda a medida que las bendiciones entran en nuestro corazón. Esto es mucho más que "sentirse bien" temporalmente. A través de esta práctica podemos despejar la oscuridad de la ignorancia y otras impurezas que nos impiden experimentar la joya de nuestra propia naturaleza búdica.

Ante ti, Lama, elevo estas súplicas.
Ante ti, Señor del Dharma, elevo estas súplicas.
¡Que todos los padres espirituales y sus hijos del corazón me concedan sus bendiciones!

El Guru o Lama es alguien "por encima de uno", superior en cualidades espirituales y, por tanto, digno de alabanza y homenaje. *Señor del Dharma* significa que es como los reyes espirituales. Los *Hijos del Corazón* se refieren a discípulos cercanos de grandes Lamas del linaje, quienes a su vez son sus padres espirituales. Son como príncipes que ascenderán al trono de su maestro para continuar su labor. Por ejemplo, Dolpopa tuvo catorce hijos del corazón, cada uno de los cuales fue responsable de propagar el Dharma Jonang después de que Dolpopa pasara al parinirvana. Entre ellos se encontraban Chokgyalwa Chokle Namgyal, Tsungmed Nyabön Kunga, entre otros.

Oraciones a La Base, El Camino y El Resultado

Ante la base, el Tathagatagarbha o esencia primordial, elevo estas súplicas.
Ante el profundo camino vajra de Kalachakra elevo estas súplicas.
Ante el resultado de separación del samsara, el dharmakaya develado de la realidad de la Iluminación, elevo estas súplicas.

El *Tathagatagarbha* se refiere a la mente iluminada y completamente despierta de la budeidad. Aunque su esencia reside en todos los seres como la base primordial de la iluminación, actualmente está oscurecida por las impurezas temporales. Buda Maitreya equipara esta base primordial a un tesoro bajo tierra, a la miel en medio de las abejas, al grano en su cáscara o a una imagen preciosa bajo una capa de arcilla. El *Profundo Camino Vajra de Kalachakra* se refiere a las enseñanzas y prácticas que debemos seguir para despertar esta naturaleza verdadera de acuerdo con el Tantra de Kalachakra. Esto incluye todas las prácticas preliminares descritas en la *Escalera Divina*, así como la práctica principal de los Seis Yogas Vajra.

El *dharmakaya develado de la realidad de la iluminación* es el resultado final de seguir el camino: en ese momento todas las aflicciones se purifican por completo y se alcanza la realización de la budeidad. Aunque la base y el resultado son inseparables, en un nivel relativo o convencional necesitamos practicar el camino para desenvolver las numerosas capas de impurezas que nos impiden ver esta verdad.

El dharmakaya es uno de los tres cuerpos (*kaya* en sánscrito) o dimensiones de la iluminación. Se refiere al aspecto permanente, inmutable y vacío de la mente iluminada. Es la dimensión de la realidad que experimenta un Buda. Las otras dimensiones son el cuerpo de disfrute o sambhogakaya y el cuerpo de emanación o nirmanakaya. Estos cuerpos representan las dimensiones de la realidad que experimentan los seres sensibles.

Oraciones a los Cuatro Cuerpos de Buda

Buda Primordial   *Guru Vajradahra*   *Shri Kalachakra*   *Buda Shakyamuni*

Ante el sublime Buda Primordial elevo estas súplicas.
Ante el Dharmakaya, el cuerpo revelado de la realidad de la Iluminación, Vajradhara, elevo estas súplicas.

Buda Primordial y Vajradhara son dos nombres distintos que se utilizan para describir el dharmakaya, el cuerpo de la realidad de la iluminación. Cada uno de estos nombres señala un aspecto diferente de esta verdad sagrada, que trasciende por completo cualquier intento de conceptualización. Es algo similar a los diferentes nombres que utilizamos para describir los distintos papeles que desempeñamos en diversas circunstancias, por ejemplo, médico o marido o primogénito.

El Buda Primordial designa lo que carece de principio, es atemporal y nunca se ha visto empañado por la verdad relativa o las aflicciones del samsara. Al igual que el espacio que impregna todos los demás elementos, no se ve afectado en lo más mínimo por ellos. Esto se conoce como

Svabhavikakaya o cuerpo de la naturaleza. Es el aspecto de cómo es propiamente la realidad.

Vajradhara es similar al Buda Primordial, pero enfatiza la sabiduría que conoce la realidad tal cual es. Esto se conoce como jñana-dharmakaya o cuerpo de la sabiduría-verdad. De este modo, aunque el Buda Primordial y Vajradhara son inseparables, cada uno permite destacar ciertas características sutiles del significado definitivo.

Ante el Sambhogakaya, el cuerpo de deleite, Kalachakra, elevo estas súplicas.

En el texto raíz, sambhogakaya ("longku" en tibetano) o cuerpo de deleite se refiere a la manifestación más sutil y pura del dharmakaya. A medida que los seres sensibles se adentran en la práctica espiritual, poco a poco se desprenden de las numerosas capas de oscurecimientos y purifican su mente, lo que les permite experimentar niveles de realidad cada vez más sutiles. El sambhogakaya representa el nivel más sutil y puro de la experiencia dualista, que sólo perciben los bodhisattvas altamente realizados que se encuentran en el décimo nivel de desarrollo espiritual.

La palabra tibetana para Kalachakra es *"Dukyi Korlo"*, que se traduce literalmente como "Rueda del Tiempo". En este caso, la noción de *tiempo* se refiere al cambio o transformación, mientras que *rueda* alude a la idea de un ciclo o proceso sin fin. En un nivel burdo, la *Rueda del Tiempo* indica los infinitos patrones de transformación que todos percibimos; en un nivel más sutil, estos dos conceptos aluden a que la naturaleza convencional de los fenómenos es una unión de gran compasión y vacío; por último, en el nivel más sutil, se refieren a la naturaleza última de la realidad, que es una unión de gozo inmutable y forma vacía. Lo importante aquí es recordar que Kalachakra es un término que se refiere a la totalidad de toda experiencia y que, por lo tanto, puede entenderse de distintas maneras dependiendo de la sutileza de nuestra perspectiva.

El Buda enseñó por primera vez el Tantra de Kalachakra en Amaravati, al sur de la India, ante una audiencia que incluía una gran variedad de

INVOCACIÓN EXTENSA AL LINAJE DEL YOGA VAJRA

seres humanos y no humanos. En esa ocasión se manifestó en la forma del sambhogakaya de la deidad de Kalachakra, junto con un mandala de 636 deidades. El principal receptor de estas enseñanzas fue el Rey Suchandra, el gran Rey del Dharma que a su vez las transmitió al reino divino de Shambala. Gracias al poder de estas enseñanzas, los reyes de Shambala pudieron desarrollar un sistema de práctica que unía eficazmente a personas de distintas religiones, lo que trajo paz y armonía a su reino.

Sólo los seres con un logro espiritual extremadamente elevado, como el rey Suchandra, podían percibir y experimentar directamente la forma iluminada de Kalachakra. Por lo tanto, decir que Buda Shakyamuni apareció en la forma del sambhogakaya de Kalachakra para enseñar el Tantra de Kalachakra significa que estas enseñanzas se comunicaron en un nivel de experiencia extremadamente sutil.

Ante el Nirmanakaya, el cuerpo de emanación, Buda Shakyamuni, elevo estas súplicas.

A grandes rasgos, el nirmanakaya o cuerpo de emanación es a lo que comúnmente nos referimos como el príncipe Siddhartha, quien demostró a los seres humanos ordinarios cómo podían convertirse en budas completamente despiertos. A menudo nos referimos a él como Buda Shakyamuni, en donde *Buda* significa "despierto" y *Shakya* se refiere al nombre de su clan. En un nivel más profundo, el cuerpo de emanación del nirmanakaya es la forma en que el sambhogakaya aparece ante los seres ordinarios; en primer lugar, aparece en forma humana y, luego, muestra una vida con nacimiento, envejecimiento y muerte.

De este modo, los nirmanakayas sirven de puente entre la mente iluminada del Buda y los infinitos seres sensibles que sufren en la existencia cíclica. Puesto que los nirmanakayas aparecen según las disposiciones kármicas de los seres sensibles, las formas que pueden adoptar resultan ilimitadas. Sea cual sea la manera en que se manifieste un nirmanakaya, siempre será perfectamente capaz de comunicar el dharma a los seres sensibles que se encuentren con él.

— *Los Treinta y Seis Reyes del Dharma de Shambhala* —
Siete Reyes del Dharma, Veinticinco Reyes Kalki y Treinta y Seis Reyes de la Era de Oro

INVOCACIÓN EXTENSA AL LINAJE DEL YOGA VAJRA

Oraciones a los Maestros del Linaje de Shambhala

Ante los Treinta y Cinco Reyes del Dharma elevo estas súplicas.

El término *Shambhala* se refiere a la manifestación de paz y armonía en la experiencia de los seres sensibles. En un nivel último, es indivisible de la base primordial de nuestra propia naturaleza búdica. De manera convencional, se experimenta de muy diversas formas. Cuando hablamos de los Reyes del Dharma de Shambala, nos referimos a una manifestación específica de Shambala conocida como el sublime *Reino de Shambala.*

Esta forma de Shambala es un reino de experiencia pura que se generó gracias a las aspiraciones iluminadas de bodhisattvas del décimo nivel, en combinación con las conexiones kármicas que cultivaron con los seres sensibles de este planeta. Es un excepcional reino de oportunidades que ofrece a los humanos de este mundo todas las condiciones necesarias para progresar rápidamente en el camino hacia el logro de la iluminación. Aunque puede considerarse un reino humano, es más sutil que éste y, por tanto, sólo pueden experimentarlo los seres cuyas mentes posean el nivel correspondiente de sutileza.

Suchandra, el rey bodhisattva, emanó de este nivel de experiencia sutil cuando solicitó el Tantra de Kalachakra a Buda Shakyamuni en la Gran Estupa de Dhanyakataka en Amaravati, al sur de la India. En ese momento, el Buda, en forma de Kalachakra, predijo que habría treinta y cinco Reyes del Dharma que sostendrían estas enseñanzas hasta el momento de la próxima Edad de Oro. Estos reyes se dividen en tres grupos: los siete reyes del Dharma, los veinticinco reyes Kalki y los tres reyes de la Edad de Oro.

Los *Siete Reyes del Dharma* fueron las primeras siete generaciones de reyes que se encargaron de establecer la práctica del Kalachakra en la tierra de Shambhala. Mediante su brillante ejemplo demostraron la profunda capacidad que todos poseemos e inspiraron a los habitantes de Shambhala a trascender sus limitaciones. Estos siete fueron: (1) Suchandra, (2) Sureshvara, (3) Taji, (4) Somadatta, (5) Sureshvara, (6) Vishvamurti, y (7)

Sureshana.

La línea de *Los Veinticinco Reyes Kalki* comenzó cuando el gran rey del Dharma Manjushri Yashas consiguió unificar al pueblo de Shambala bajo el reconocimiento común de su naturaleza última. Tras condensar las enseñanzas del Tantra de Kalachakra, las hizo accesibles a un público mucho más amplio y, de este modo, les mostró cómo superar sus prejuicios y revelar su verdad sagrada. A partir del reinado de Yashas, los reyes de Shambala se conocieron como Kalki, que significa "unificador de castas". Actualmente vivimos bajo el reinado del vigésimo Kalki, Aniruddha. La lista completa de los reyes Kalki es la siguiente (1) Manjushri Yashas, (2) Pundarika, (3) Bhadra, (4) Vijaya, (5) Sumitra, (6) Raktapani, (7) Vishnugupta, (8) Arkakirti, (9) Subhadra, (10) Samudravijaya, (11) Aja, (12) Surya, (13) Vishvarupa, (14) Shashiprabha, (15) Ananta, (16) Mahipala, (17) Shripala, (18) Harivikrama, (19) Mahabala, (20) Aniruddha, (21) Narasimha, (22) Maheshvara, (23) Anantavijaya, (24) Yashas y (25) Raudra Chakri.

Según la profecía, durante el reinado del último rey Kalki, el mundo alcanzará un punto de inflexión en el equilibrio entre la ignorancia y la sabiduría. Los pensamientos aflictivos dominarán el mundo, provocando una violencia y una degeneración sin precedentes. Al mismo tiempo, no obstante, la mente de las personas habrá madurado, lo que permitirá que el vigésimo quinto Kalki, Raudra Chakri, emerja de Shambala para revitalizar el Dharma e inaugurar una era de paz y armonía sin precedentes. De acuerdo con la profecía, los tres reyes que gobernarán durante esta época se conocen como *Los Tres reyes de la Edad de Oro*: (1) Brahma, (2) Sureshvara y (3) Kashyapa.

Oraciones a los Maestros del Linaje de la India

Drupchen Dushapa Chenpo, ante ti elevo estas súplicas.

Drupchen Dushapa Chenpo, también conocido como Kalachakrapada el Mayor, fue el primer sostenedor del linaje completo de Kalachakra en este

Dushapa Chenpo   *Dushapa Nyipa*   *Gyaltse Nalendrapa*   *Panchen Dawa Gonpo*

reino humano. Nacido como Manjuvajra e hijo de un yogui brahmán, creció estudiando en las célebres universidades de Odantapuri y Nalanda, en el noreste de la India. Tras adquirir un dominio considerable de cada una de las cinco ciencias, recibió una visión de Manjushri que le indicó que viajara al norte en busca de Shambala. Manjuvajra se adentró en las montañas, donde se encontró con una emanación de Aja, el decimoprimer rey Kalki. La emanación le otorgó a Manjuvajra todos los empoderamientos e instrucciones esenciales, lo que le permitió alcanzar niveles de realización excepcionales. Tras practicar durante seis meses, pudo viajar a Shambala, donde recibió un tesoro de enseñanzas directamente del propio Kalki.

Después de memorizar todas las enseñanzas preciosas, Manjuvajra regresó a casa y comenzó a compartir las enseñanzas con todos aquellos que se lo solicitaban. Gracias a la guía de su realización inigualable, la práctica de los Seis Yogas Vajra floreció en la India. Finalmente, Dushapa Chenpo llegó a dominar los seis yogas, alcanzando la iluminación completa por medio de la consumación del estado del cuerpo de arcoiris. *Drupchen* es la palabra tibetana para "Mahasiddha", es decir, alguien con un alto nivel de realización espiritual, mientras que *Chenpo* significa "grande" en tibetano.

Drupchen Dushapa Nyipa, ante ti elevo estas súplicas.

El discípulo principal de Manjuvajra fue Shri Badra, un laico nacido de la casta real. Debido a sus logros extraordinarios, también llegó a ser conocido como Kalachakrapada el Menor o Drupchen Dushapa Nyipa en tibetano (*Nyipa* significa "segundo"). En su práctica espiritual, Shri Badra conoció a muchas deidades y reinos iluminados, y todos reconocían que había alcanzado la decimosegunda etapa de los niveles del bodhisattva. De entre sus numerosos discípulos, doce alcanzaron el cuerpo de arcoíris bajo su tutela. De hecho, Shri Badra fue el primero en colaborar con los traductores tibetanos para introducir el Tantra de Kalachakra en el Tíbet.

Gyaltse Nalendrapa, ante ti elevo estas súplicas.

La práctica del Kalachakra aumentó significativamente bajo la guía de Bodhibhadra, discípulo de corazón de Shri Badra y gran abad de Nalanda, conocido en el Tíbet como Gyaltse Nalendrapa. Según una conocida anécdota, Bodhibhadra colocó un letrero en la puerta de la Universidad de Nalanda en el que afirmaba que si no se comprendía el Kalachakra, no se comprendía la intención última de Buda. En respuesta a este audaz desafío, quinientos eruditos debatieron con Nalendrapa y todos fueron derrotados. Este acontecimiento afianzó las enseñanzas del Kalachakra en la India, convirtiéndolo en uno de los sistemas de práctica más extendidos.

Panchen Dawa Gonpo, ante ti elevo estas súplicas.

El gran pandita Somanatha (Dawa Gonpo en tibetano) difundió las enseñanzas del Kalachakra desde la gran sede de Nalanda a la región de Cachemira, al oeste de la India. De ascendencia islámica, Somanatha se convirtió desde muy joven en un erudito brillante. Viajó a Nalanda, donde estudió con algunos de los más grandes maestros de su época, en particular con Kalachakrapada el Menor y Nalendrapa. Gracias a la práctica de los Seis Yogas Vajra, Somanatha alcanzó muchos poderes notables, tales como el control absoluto de sus aires sutiles. Reconociendo la conexión kármica entre el Tíbet y Shambhala, viajó al Tíbet en tres ocasiones, en las que impartió enseñanzas generales sobre los *Sutras de la Perfección de la Sabiduría* y los *Cinco Tratados de Arya Asanga*. A tres estudiantes muy especiales les transmitió las instrucciones profundas de las prácticas de la etapa de consumación de Kalachakra.

Oraciones al Linaje del Yoga Vajra de la Tradición Dro

Droton Lotsawa *Lama Lhaje Gompa* *Lama Droton Namseg*

Gran traductor Droton Lotsawa, ante ti elevo estas súplicas.

Nació en la región occidental del Tíbet. Aunque Dro Lotsawa Sherab Drakpa tuvo muchos grandes maestros indios, consideraba a Somanatha como su Guru principal. Juntos tradujeron la *Luz Inmaculada*, el comentario de Kalki Pundarika sobre el Tantra abreviado de Kalachakra. Su increíble contribución a las enseñanzas de Kalachakra en el Tíbet consistió en poner a disposición de los practicantes tibetanos las instrucciones escritas y orales en su lengua materna. Por esta razón llegó a ser conocido como un gran traductor. Durante gran parte de la última etapa de su vida, Dro Lotsawa permaneció cerca de Somanatha hasta el momento de su muerte.

Lama Lhaje Gompa, ante ti elevo estas súplicas.

Lama Lhaje Gompa, también conocido como Konchokzang, nació en Penyul, al oeste del Tíbet. En un principio fue un consumado practicante tántrico de la tradición Nyingma, conocido por su capacidad para apaciguar a los demonios y a los practicantes de magia negra. Mientras Dro Lotsawa se dedicó a la traducción, Lhaje Gompa centró su atención en poner en práctica las enseñanzas que había recibido de Somanatha, por lo que dedicó todo su tiempo a la meditación. Como resultado, atrajo a muchos discípulos que deseaban recibir de él las preciosas instrucciones de los Seis Yogas Vajra.

Lama Droton Namseg, ante ti elevo estas súplicas.

El discípulo principal de Lhaje Gompa fue Lama Droton Namla Tsek, un practicante tántrico laico que vestía hábitos blancos. Aunque recibió la transmisión del Kalachakra de Lama Lhaje Gompa, también estudió extensamente con Somanatha, quien le enseñó *Los Cinco Tratados* de Asanga y los *Seis Tratados Madhyamika* de Nagarjuna. Aunque su práctica de corazón era el Tantra de Kalachakra, se decía que tenía una conexión directa con numerosas deidades yidam, y que las dakinis iluminadas le asistían siempre que necesitaba de su ayuda. A medida que comenzó a extenderse la fama de su erudición y sus realizaciones, Droton Namseg se convirtió en un maestro muy solicitado. De los tres discípulos tibetanos de Somanatha, él fue el principal responsable de propagar las enseñanzas de Kalachakra de la tradición Dro. Sin embargo, debido a su enorme respeto y veneración hacia los Yogas Vajra, siguió el ejemplo de su maestro y mantuvo las instrucciones esenciales como un linaje susurrado que se transmitía únicamente de maestro a discípulo de corazón.

Lama Drupchen Yumo, ante ti elevo estas súplicas.

Lama Drupchen Yumo Mikyo Dorje nació en una región del Tíbet cercana a los Himalayas. Cuando era muy joven, se ordenó monje y llegó a ser muy respetado por su disciplina monástica pura. De joven estudió

INVOCACIÓN EXTENSA AL LINAJE DEL YOGA VAJRA

Lama Drupchen Yumo   *Seachok Dharmeshvara*   *Khipa Namkha Öser*   *Machig Tulku Jobum*

todos los sutras y posteriormente los tantras. Tras una breve conexión con Somanatha, Yumowa recibió la transmisión completa del Kalachakra de Lama Droton Namseg. Con base en estas enseñanzas, adquirió poderes extraordinarios, como la capacidad de manifestarse bajo distintas formas, además de desarrollar un gran conocimiento del Tantra de Kalachakra. Yumo es quizás más conocido por ser uno de los primeros tibetanos en escribir sobre la naturaleza búdica de acuerdo con las enseñanzas de Kalachakra, y basándose en su propia experiencia. Estos textos pueden considerarse precursores de los escritos de Dolpopa sobre la *visión Zhentong*.

Sechok Dharmeshvara, ante ti elevo estas súplicas.

Sechok Dharmeshvara era el hijo de Drupchen Yumo. Erudito excepcional, a los dieciséis años escribió un comentario sobre los empoderamientos de Kalachakra conocido como *Wang Dorten* (*Sekkodesa* en sánscrito). Se dice que a los veinte años era capaz de comprender todo lo que sabía su padre. Mucha gente creía que era una emanación de Manjushri, ya que dominaba hasta el último detalle tanto de los sutras como de los tantras, lo que le permitió derrotar con su aguda lógica a muchos eruditos de renombre. Dharmeshvara recibió enseñanzas de muchos Lamas, pero sintió una atracción especial por los *Tantras de Guhyasamaja y Kalachakra*. Siguiendo los pasos de su padre, decidió transmitir el linaje del Yoga Vajra a sus tres hijos. En tibetano, *Sechok* significa literalmente "hijo supremo".

Khepa Namkha Öser, ante ti elevo estas súplicas.

Khepa Namkha Öser nació en Kangsar y fue el hijo mayor de Sechok Dharmeshvara. Erudito y yogui tántrico, se centró principalmente en *Los Cinco Tratados* de Asanga, así como en los Tantras de Guhyasamaja y Kalachakra. Se decía que tenía una conexión directa con las deidades femeninas Vajravarahi y Sarasvati. La palabra *khepa* significa "erudito extraordinario".

Machig Tulku Jobum, ante ti elevo estas súplicas.

Machig Tulku Jobum era la hija de Dharmeshvara, y también era considerada como la reencarnación de la hermana del Rey Indrabhuti. Tras memorizar palabra por palabra el gran comentario del Tantra de Kalachakra, recibió de su padre las instrucciones esenciales y logró los diez signos auspiciosos en un solo día. En otros siete días de práctica intensiva, dominó sus aires internos y los dirigió hacia el canal central, convirtiéndose así en una gran yoguini, es decir, una practicante altamente realizada.

Lama Drubtop Sechen   *Chöje Jamyang Sarma*   *Kunkyen Chöku Öser*

Lama Drubtop Sechen, ante ti elevo estas súplicas.

Lama Drubtop Sechen nació con deficiencias auditivas y del habla, y na-

INVOCACIÓN EXTENSA AL LINAJE DEL YOGA VAJRA

die creía que su vida fuera a llegar a nada. Sin embargo, tras recibir las instrucciones de los Seis Yogas Vajra de su hermana Machig Tulku Jobum y practicar bajo la guía de su hermano Namkha Öser, no tardó en conseguir realizaciones. Entre ellas se incluía la capacidad de recordar sus vidas anteriores y conocer su futuro. Más tarde llegó a ser conocido como Semochen, debido a que fundó el monasterio de Tsang Orlang Semoche.

Chöje Jamyang Sarma, ante ti elevo estas súplicas.

Chöje Jamyang Sarma nació en el seno de una familia Nyingma, pero tras su ordenación estudió en muchos monasterios distintos. Tras contraer la lepra, realizó un largo retiro de Vajrapani para superar su enfermedad. Durante este retiro, tuvo una visión de Manjushri que le indicó que buscara la instrucción de Lama Drubtop Sechen. Mientras viajaba para encontrarse con Semochen, tuvo que derrotar muchos demonios y fuerzas obstructoras, pero al recibir el empoderamiento, pudo percibir a su Lama en la forma de Kalachakra. A partir de ese momento practicó los Seis Yogas Vajra y alcanzó realizaciones aún mayores. Jamyang Sarma fue el responsable de fundar muchas ermitas donde los yoguis dedicaban sus vidas a la práctica de Kalachakra. *Chöje* significa literalmente "señor del Dharma" o "soberano del Dharma".

Kunkhyen Chöku Öser, ante ti elevo estas súplicas.

Kunkhyen Chöku Öser era hijo de Serdingpa Zhonnu Ö. Al nacer se predijo que tendría la capacidad de morar en el estado del dharmakaya, por lo que se le dio el nombre de *Chöku Öser*, que significa "dharmakaya radiante". Gran estudioso de los sutras y los tantras, más tarde desarrolló realizaciones increíbles tras recibir de Jamyang Sarma el empoderamiento e instrucciones de Kalachakra. Según se decía, podía percibir directamente la forma colérica de Kalachakra y, en una ocasión, lo vieron circunvalando una estupa al mismo tiempo que meditaba en una habitación sellada. *Kunkhyen* significa literalmente "omnisciente", o "que lo sabe todo".

EL TESORO OCULTO

Oraciones a los Maestros de Linaje del Monasterio Jonang

Kunpang Thukje Tsondru   Jangsem Gyalwa Yeshe   Khetsun Yonten Gyatso

Inigüalable Kunphang Thukje Tsundru, ante ti elevo estas súplicas.

Kunpang Thukje Tsundru nació en 1243 y es considerado una emanación de un Rey Kalki de Shambala. Tras recibir la ordenación estudió exhaustivamente en los monasterios de Sakya y Ngor, donde recibió la transmisión del Kalachakra de acuerdo con la tradición Ra. Más tarde lo invitaron a convertirse en abad del monasterio Kyangdur de Chöje Jamyang Sarma, donde recibió de Kunkyen Chöku Öser la transmisión experiencial del linaje Dro de Kalachakra. Tras realizar un retiro, Kunpangje alcanzó rápidamente muchas realizaciones gracias a los Seis Yogas Vajra. Aún insatisfecho, viajó por todo el país recopilando las transmisiones de los diecisiete linajes de instrucciones esenciales de los Seis Yogas Vajra, y a petición de la diosa local Nagmen Gyalmo, junto con las comunidades de Chi, Drak y Nak, Kunpangje se asentó en el valle de Jomonang, donde estableció la Ermita de la Montaña Jonang. Fue aquí donde Thukje Tsondru documentó todas las instrucciones esenciales que había recibido, convirtiéndose en el primer tibetano en preservar por escrito los Seis Yogas Vajra. Como resultado, bandadas de innumerables discípulos acudieron a Jonang para estudiar con este gran maestro. Pronto el nombre del Gyalwa Jonangpa se convirtió en sinónimo del estudio y práctica de Kalachakra.

INVOCACIÓN EXTENSA AL LINAJE DEL YOGA VAJRA

La palabra *kunpang* es un título que significa "renuncia completa a todas las preocupaciones mundanas".

Jangsem Gyalwa Yeshe, ante ti elevo estas súplicas.

Jangsem Gyalwa Yeshe se ordenó y practicó el Dharma durante muchos años en el seno de la orden Karma Kagyu. Al no lograr ninguna realización, el Karmapa Karma Pakshi le informó que carecía de las conexiones kármicas necesarias. Aconsejó a Gyalwa Yeshe que viajara al Monasterio de Jonang para estudiar con el gran Thukje Tsondru. Cuando oyó el nombre de Kunpangje, se llenó de gran fe y devoción. Una vez que recibió todos los empoderamientos e instrucciones de Kalachakra, Gyalwa Yeshe progresó rápidamente en su práctica de los Seis Yogas Vajra. Finalmente, sus realizaciones igualaron a las de su maestro, y comenzó a difundir extensamente el Dharma. Fue nombrado abad del Monasterio de Dechen y más tarde se convirtió en la cabeza del Monasterio de Jonang. *Jangsem Gyalwa* significa "Gran Bodhisattva".

Khetsun Yonten Gyatso, ante ti elevo estas súplicas.

Khetsun Yonten Gyatso nació en una familia que seguía la tradición Nyingma y estudió con muchos maestros tántricos de diversos monasterios. Tras recibir las instrucciones de Kalachakra de Thukje Tsondru, completó todas las prácticas de yoga nocturno en un plazo de veintiún días. Mientras practicaba los yogas diurnos, su cuerpo levitaba a la altura de una flecha por encima del suelo y durante siete días fue capaz de moverse libremente por las montañas y valles de los alrededores de Jonang. También desarrolló poderes clarividentes excepcionales y un conocimiento supremo de todas las enseñanzas de Buda. Según se dice, su cuerpo desprendía una deliciosa fragancia resultado de su excelente conducta moral. Íntimo amigo espiritual de Gyalwa Yeshe, Yonten Gyatso se convirtió más tarde en su sucesor y asumió el trono del Dharma como abad del Monasterio de Jonang. En tibetano, *khetsun* significa "erudito de conducta moral excelente".

Kunkyen Dolpopa   *Chogyal Choklé Namgyal*   *Tsungmed Nyabon Kunga*

Kunkyen Dolpopa, emanación de los budas de los tres tiempos, ante ti elevo estas súplicas.

Kunkyen Dolpopa era considerado una emanación de los Budas de los tres tiempos: su dominio y realizaciones de las enseñanzas de Buda eran tan profundos que todos en las provincias de Ü y Tsang lo consideraban su maestro. Tras alcanzar la realización suprema en un retiro de los Yogas Vajra de Kalachakra, desarrolló la incomparable visión Zhentong y se convirtió en el cuarto abad del Monasterio de Jonang. Allí desarrolló un sistema unificado de estudio y práctica budista que combinaba el estudio de la visión Zhentong con la práctica en retiro centrada en los Seis Yogas Vajra. Este sistema se ha mantenido como la joya más preciada de la Tradición Jonang hasta nuestros días.

Chogyäl Chokle Namgyal, ante ti elevo estas súplicas.

Chokle Namgyal era descendiente del rey de Ngari Yatse, y cuando aún era bastante joven, recibió muchas enseñanzas elevadas de su padre y su tío. De niño estudió en diversos monasterios y asombró a todos dando grandes enseñanzas públicas. Como siempre salía victorioso de los debates, recibió el título de *Chogyalwa*, que significa "el invencible". Chokle Namgyal recibió los empoderamientos e instrucciones de Kalachakra del maestro

Dolpopa y se convirtió en uno de sus mejores discípulos, memorizando a la perfección todos los grandes textos. Con el tiempo se convirtió en el quinto abad del monasterio de Jonang, dirigiendo la comunidad primero durante seis años y después durante otros quince. Durante este tiempo se convirtió en maestro de muchos grandes maestros, como el fundador de la tradición Geluk, Je Tsongkhapa, quien recibió de él muchas enseñanzas de Kalachakra. En tibetano, *chogyal* significa "Rey del Dharma", mientras que *chokle* significa "victorioso en todas las direcciones".

Tsungme Nyabon Kunga, ante ti elevo estas súplicas.

Desde muy temprana edad, Tsungme Nyabon Kunga demostró una gran inteligencia. Fue reconocido por Khetsun Yonten Gyatso como la reencarnación de Jamsar Sherab, el gran maestro del Yoga Vajra, y sobresalió en todos sus estudios. Su educación monástica sufrió un revés al enfermar gravemente a los veinte años. Sin embargo, se curó milagrosamente cuando Dolpopa Sherab Gyaltsen visitó su monasterio y le escupió encima. Con el tiempo, Dolpopa se convertiría en su maestro principal, aunque también recibió extensas enseñanzas y guía de Chokle Namgyal. Nyabon Kunga fue un escritor prolífico, y muchos de sus textos aún se conservan. Muchos practicantes realizados de otras tradiciones recibieron sus enseñanzas, entre ellos Sakya Rendawa y Lama Tsongkhapa. Más tarde fundó el monasterio Jonang de Tsechen. La palabra tsungme significa literalmente "incomparable".

Drupchen Kunga Lodrö   *Jamyang Konchog Zangpo*   *Drenchog Namkha Tsenchan*   *Panchen Namkha Palzang*

Drupchen Kunga Lodrö, ante ti elevo estas súplicas.

Drupchen Kunga Lodrö nació en el seno de la familia real de Sharkha y se creía que era la reencarnación de Butön Rinchen Drup. Estudió principalmente las enseñanzas de Buda, especialmente el Tantra de Kalachakra, bajo la tutela de Nyabon Kunga, además de recibir enseñanzas de muchos otros maestros. Tras renunciar por completo al apego a las posesiones mundanas y al estatus social, tomó la ordenación y acabó convirtiéndose en el sucesor de Nyabon como abad del monasterio de Tsechen. Tras intentar sin éxito negociar la paz entre dos clanes en guerra, se desilusionó aún más de la existencia cíclica y se mantuvo en retiro durante casi cincuenta años. Durante este tiempo logró el dominio no sólo de los Seis Yogas Vajra, sino de todos los sistemas de práctica tántrica. Como gran maestro rime, se convirtió en el instructor de un océano de estudiantes de todas las tradiciones principales.

Jamyang Konchog Zangpo, ante ti elevo estas súplicas.

Jamyang Konchog Zangpo nació en Drakmar y se pensaba que era la reencarnación del gran Sakyapa Drakpa Gyaltsen. Se formó en el monasterio de Zangden, así como en muchos otros monasterios de diversas tradiciones, especialmente la Sakya. Tras convertirse en un gran erudito, recibió de Kunga Lodrö la transmisión del Kalachakra, que se convirtió en su práctica de corazón. Continuó recibiendo las transmisiones esotéricas de todas las tradiciones principales y rápidamente logró realizaciones. Durante su vida fue cabeza de muchos monasterios, como los de Jonang, Tsechen, Samding y el monasterio no sectario de Pelkhor Dechen. De este modo, no sólo se convirtió en un importante sostenedor del linaje Jonang, sino también del Sakya y del Shangpa Kagyu.

Drenchog Namkha Tsenchen, ante ti elevo estas súplicas.

Namkha Chökyong fue el discípulo de corazón de Jamyang Konchok y

INVOCACIÓN EXTENSA AL LINAJE DEL YOGA VAJRA

estudió en varios monasterios del Tíbet central. Gracias a la guía que recibió de sus maestros, dominó rápidamente la visión Zhentong y la práctica de los Seis Yogas Vajra. Logró grandes realizaciones gracias a la práctica de Kalachakra y, con el tiempo, se convirtió en abad del monasterio de Tsechen. Más tarde ocupó el trono vajra del propio monasterio de Jonang, donde fue responsable de la construcción de un techo recubierto de oro para la gran estupa de Dolpopa. La palabra *drenchog* significa literalmente "guía supremo".

Panchen Namkha Pelzang, ante ti elevo estas súplicas.

El gran Panchen Namkha Palzang pertenecía originalmente a la tradición Sakya. Se convirtió en un experto en el Tantra de Kalachakra tras recibir los empoderamientos y las instrucciones de Namkha Chökyong. Consiguió grandes realizaciones mediante la práctica de los Seis Yogas Vajra y fundó un monasterio llamado Drepung (que no debe confundirse con la universidad monástica de Lhasa), además de convertirse en el noveno abad del monasterio de Jonang. Durante más de dieciocho años presidió también la sede monástica de Namgyal Draksang en Jang, donde se convirtió en maestro de muchas figuras prominentes del Tíbet occidental. La palabra panchen significa literalmente "gran pandita" o "gran erudito".

Lochen Ratnabhadra, ante ti elevo estas súplicas.

El gran sabio Rinchen Zangpo, más conocido como Lochen Ratnabhadra, fue un consumado practicante de los tantras Nyingma. Formado en varios monasterios importantes, se convirtió en un erudito respetado y también alcanzó grandes logros tras recibir las enseñanzas de Kalachakra de Namkha Pelzang. Se decía que tenía una conexión directa con la deidad colérica Mahakala y que era capaz de aplacar a muchos demonios. Más adelante en su vida, Ratnabhadra estableció varios monasterios y centros de retiro, compuso un importante comentario sobre los Seis Yogas Vajra y restauró el monasterio del gran maestro Shangpa Tangtong Gyälpo. La

| Lochen Ratnabhadra | Palden Kunga Drolchok | Kenchen Lungrig Gyatso |

palabra *lochen* significa "gran traductor".

Palden Kunga Dolchog, ante ti elevo estas súplicas.

Kunga Drolchok nació en Ngari Gongtung y vivió entre 1507 y 1566. Desde muy joven dominó numerosas enseñanzas avanzadas y estudió con muchos grandes eruditos del Tíbet central. Gracias a su estrecho vínculo con la dakini iluminada Niguma, recibió directamente de ella la transmisión de los *Seis Dharmas de Niguma*. También dominó las enseñanzas y la práctica del Kalachakra que recibió de Rinchen Zangpo, y alcanzó extraordinarias realizaciones con un gran número de visiones de seres iluminados. A lo largo de su vida recopiló un vasto conjunto de enseñanzas y prácticas, convirtiéndose en un importante maestro del linaje de diversas tradiciones. Durante los aproximadamente veinte años que presidió el Monasterio de Jonang, recopiló todas las enseñanzas que había recibido en un solo libro, conocido comúnmente como *"Las instrucciones Esenciales de Drolchok"*. Posteriormente, Kunga Drolchok llegó a ser reconocido en todo el país como un gran maestro rime. Al final de su vida fundó el monasterio de Cholung Jangtse. La palabra *palden* significa "glorioso".
Kenchen Lungrig Gyatso, ante ti elevo estas súplicas.
Kenchen Lungrig Gyatso se formó principalmente en Serdokchen, el

monasterio del famoso maestro Zhentong, Shakya Chokden. Durante este tiempo se convirtió en un practicante realizado de Vajrayogini, con quien se encontró durante un sueño. Más tarde, cuando conoció a Kunga Drolchok, recibió la totalidad de los empoderamientos, transmisiones e instrucciones esenciales de los Seis Yogas Vajra de Kalachakra. Cuando puso en práctica estas enseñanzas, alcanzó notables realizaciones y poderes; por ejemplo, podía leer sánscrito de manera instintiva sin haber estudiado nunca las lenguas de la India. También tuvo muchas visiones de mahasiddhas indios que le confirieron transmisiones puras de las enseñanzas. Lungrig Gyatso llegó a ser tan respetado que incluso el noveno Karmapa Wangchuk Dorje y el Sakya Trizin se referían a él como el "Tesoro del Dharma". La palabra kenchen significa "gran khenpo", es decir, alguien que es un erudito consumado o un líder monástico.

Oraciones a los Maestros del Linaje de Takten Damchö Ling

Kyabdak Drolway Gonpo   *Ngonjang Rinchen Gyatso*   *Khidrup Lodrö Namgyal*   *Drupchen Ngawang Trinlé*

Kyabdak Drolwe Gonpo, ante ti elevo estas súplicas.

Kyabdak Drolwe Gonpo, más comúnmente conocido como Jetsun Taranatha o Kunga Nyingpo, vivió entre 1575 y 1635, y es considerado uno de los maestros más importantes del linaje Jonang, sólo superado por Kunkyen Dolpopa. Reconocido por Lungrig Gyatso como la reencarnación de Kunga Drolchok, Taranatha recibió la transmisión completa de las enseñanzas y prácticas recopiladas por su predecesor. Tras fundar la universidad monástica de Takten Damchö Ling, Taranatha compuso más de cuarenta volúmenes de textos, creando un océano de dharma que detallaba todos los aspectos de la sabiduría y la práctica esotéricas. También desempeñó un papel decisivo en la recuperación de la visión original de la filosofía Zhentong de Dolpopa, misma que, en su opinión, había degenerado debido a la falta de claridad en una serie de puntos clave. Aunque dirigió el monasterio de Jonang durante muchos años, se sabe que viajaba de monasterio en monasterio, recogiendo enseñanzas, debatiendo con eruditos y practicando en retiro. Como resultado, se convirtió en un verdadero maestro no sectario que brindaba inspiración y bendiciones a todos los que le conocían. La palabra *kyabdak* significa "omnipresente protector de los seres".

Ngonjang Rinchen Gyatso, ante ti elevo estas súplicas.

Ngonjang Rinchen Gyatso nació en la región de Tsang y recibió la ordenación de Taranatha. Progresó rápidamente en la práctica de Kalachakra y, como signo de su logro, repentinamente adquirió la capacidad de asimilar gran cantidad de conocimientos de forma instantánea. Como abad de Takten Damchö Ling, impartió numerosas enseñanzas y dirigió la práctica de retiros en el monasterio durante unos quince años. En los últimos años de su vida, a medida que aumentaban las restricciones impuestas a los practicantes de Jonang, Rinchen Gyatso decidió abandonar su cargo y recluirse en retiro en Sangak Riwo Dechen. Allí siguió guiando a un flujo constante de practicantes comprometidos que sólo deseaban practicar el precioso Dharma. La palabra *ngonjang* significa "logrado gracias al adiestramiento en vidas previas".

Khedrup Lödro Namgyal, ante ti elevo estas súplicas.

Khedrup Lödro Namgyal vivió entre 1618 y 1683. Fue reconocido como la reencarnación de la madre de Dolpopa y a los dieciséis años pasó a ser

INVOCACIÓN EXTENSA AL LINAJE DEL YOGA VAJRA

discípulo de Taranatha. Tras muchos años de práctica del Dharma, recibió la ordenación completa de Rinchen Gyatso y, después de recibir empoderamientos, con frecuencia recibía la guía de Tara Blanca por medio de visiones. Se dice que en una ocasión impresionó al quinto Dalai Lama tras conversar con él sobre su realización de la visión Zhentong. Más adelante, Lödro Namgyal recibió una invitación para enseñar el tantra de Kalachakra en la inauguración del nuevo monasterio de Dzamthang Tsangwa. La palabra *khedrup* significa literalmente "erudito-yogui", alguien muy instruido y también realizado.

Drupchen Ngawang Trinle, ante ti elevo estas súplicas.

Drupchen Ngawang Trinle vivió entre 1657 y 1713 y, según la profecía de Dolpopa, tendría un gran impacto en la difusión del Dharma auténtico. A los dieciséis años se convirtió en el regente de Lödro Namgyal y practicó los Seis Yogas Vajra bajo su guía. Pasó seis años en retiro en la cueva de Amitabha, y después viajó y enseñó extensamente. Durante este tiempo se convirtió en el rector de muchos monasterios, guió la práctica de retiros de Kalachakra y compuso muchos textos, como la recitación de las siete preliminares de Kalachakra. También recibió enseñanzas de Lamas de todas las distintas tradiciones y llegó a ser ampliamente conocido como un gran maestro Rime. La última parte de su vida la pasó en Dzamthang Tsangwa, donde lo habían invitado a enseñar. Confirió la ordenación a una comunidad monástica muy numerosa y fue el fundador de muchos monasterios y centros de retiro nuevos en las regiones de Ngawa y Gyalrong. En su viaje por Mongolia, de regreso al Tíbet Central, estableció varios monasterios a petición del emperador.

Oraciones a los Maestros Vajra del Monasterio de Dzamthang Tsangwa

Ngawang Tenzin Namgyal, ante ti elevo estas súplicas.

Ngawang Tenzin Namgyal, también conocido como Gawe Chöpel, nació en 1691 y fue reconocido como la primera reencarnación del célebre Lodrö Namgyal. Cuando apenas tenía diez años recibió muchas enseñanzas de Chalongwa Ngawang Trinle, entre ellas, las instrucciones esenciales de los Seis Yogas Vajra. A los dieciséis años se ordenó y continuó dedicándose a la práctica, gracias a la cual logró muchas realizaciones extraordinarias. A petición de Chöje Gyalwa Lhundrup, Tenzin Namgyal se trasladó al monasterio de Dzamthang Tsangwa, donde comenzó a enseñar los Seis Yogas Vajra en su calidad de primer Maestro Vajra residente. Bajo su guía, muchos estudiantes alcanzaron visiones y otras realizaciones. Al igual que Dolpopa, fue muy influyente en la sociedad; por desgracia, en 1738, con sólo cuarenta y ocho años de edad, falleció disolviendo su mente en el dharmadhatu. La palabra *ngawang*, que significa "gran erudito dotado de un poderoso discurso", es un epíteto que relaciona a la persona con la sabiduría de Manjushri.

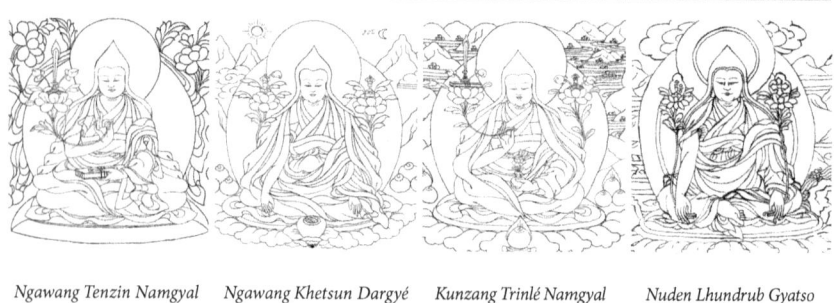

Ngawang Tenzin Namgyal   *Ngawang Khetsun Dargyé*   *Kunzang Trinlé Namgyal*   *Nuden Lhundrub Gyatso*

Ngawang Khetsun Dargye, ante ti elevo estas súplicas.

Ngawang Khetsun Dargye fue el segundo sostenedor del linaje de Kalachakra en el monasterio de Tsangwa. Fue célebre por su vasto conocimiento del Dharma y su perfecta conducta moral, así como por su profunda realización interior. En particular, poseía una elevada comprensión de la práctica de los Seis Yogas Vajra y tuvo varios discípulos importantes,

INVOCACIÓN EXTENSA AL LINAJE DEL YOGA VAJRA

como Kunga Chöpel y Chayur Chöjor.

Kunzang Trinle Namgyal, ante ti elevo estas súplicas.

Kunzang Trinle Namgyal nació en la región oriental del Tíbet y se le reconoce como la segunda reencarnación del fundador de Tsangwa, Lodrö Namgyal. Desde muy temprana edad estableció una conexión con muchos seres sagrados, incluido su Guru raíz, Ngawang Khetsun Dargye. Recibió innumerables empoderamientos e instrucciones y alcanzó realizaciones notables gracias a la práctica diligente de los Seis Yogas Vajra. Incluso el Karmapa, uno de los Lamas más importantes de todo el Tíbet, viajó desde Ü-Tsang para visitarlo y recibir enseñanzas de él. La palabra kunzang significa "poseedor de todas las buenas cualidades".

Nuden Lhundrub Gyatso, ante ti elevo estas súplicas.

Nuden Lhundrub Gyatso fue el discípulo más influyente de Kunzang Trinle Namgyal. Extremadamente hábil en la práctica del calor interno (*tummo*), desarrolló poderes tántricos coléricos invencibles, mediante los cuales podía controlar a todos los demonios y deidades locales. Fue el encargado de establecer el monasterio bajo de Tsangwa, donde realizó numerosas actividades iluminadas con la ayuda de Jinpa Gyatso (la segunda reencarnación de Ngawang Trinle). La palabra *nuden* significa literalmente "poseedor de gran energía y poder curativo".

Konchog Jigmé Namgyal, ante ti elevo estas súplicas.

Konchok Jigme Namgyal nació en el valle de Markok y se cree que era la tercera reencarnación de Lodrö Namgyal. Entabló relación con muchos maestros y seres sagrados, especialmente con Lhundrub Gyatso, quien también fue su hermano en una vida anterior. Además de ser un maestro de las enseñanzas de Kalachakra, también recibió las enseñanzas de la dakini Niguma y alcanzó muchas cualidades excepcionales como resultado de

Konchok Jigmé Namgyal   Ngawang Chöpel Gyatso.   Ngawang Chökyi Pakpa   Ngawang Chöjor Gyatso

su estudio y práctica impecables. La palabra *konchok* significa literalmente "poco común y sublime", mientras que *jigme* significa "sin miedo, audaz".

Ngawang Chöpel Gyatso, ante ti elevo estas súplicas.

Ngawang Chöpel Gyatso, también conocido como el Tsangwa Gelong (es decir, el monje de Tsangwa), nació en 1788 y se formó en el monasterio de Dzamthang Tsangwa desde los diez años. Estudió bajo la tutela de muchos maestros y, a los veintidós años, recibió por primera vez la transmisión de los Seis Yogas Vajra de Lama Ngawang Gyaltsen. Tras alcanzar una gran realización de los dos primeros yogas durante un retiro de tres años, recibió la transmisión completa de Jigme Namgyal. También obtuvo enseñanzas sobre Dzogchen y los Seis Dharmas de Niguma de muchos otros Lamas, y se hizo famoso por sus extraordinarias dotes de clarividencia. Más adelante en su vida, Chöpel Gyatso impartió enseñanzas y viajó extensamente, convirtiéndose en uno de los principales maestros de grandes maestros Rime como Jamgon Kongtrul y Patrul Rinpoche. Falleció en 1865 en medio de un despliegue de innumerables arcoiris en el cielo, testimonio fehaciente de su gran realización. La palabra *chöpel* significa literalmente "glorioso poseedor del Dharma".

Ngawang Chökyi Pakpa, ante ti elevo estas súplicas.

Ngawang Chökyi Pakpa nació en 1808 en la región de Zuka y, cuando tenía siete años, recibió la ordenación de Konchok Jigme Namgyal. Gracias a su particular habilidad en la práctica de los dos primeros Yogas Vajra, durante un retiro tuvo visiones del rey Kalki Pundarika y de Kunkyen Dolpopa, así como de la tierra de Shambala y el reino puro de Sukhavati. A los veinticinco años estudió más de cien sistemas de mandalas y memorizó todos sus detalles, lo que le convirtió en un maestro de rituales muy solicitado. Muchas de las detalladas descripciones de los mandalas que se utilizan hoy en día en los rituales Jonang se atribuyen a él. Como Maestro Vajra de Dzamthang Tsangwa, Chökyi Pakpa fue el responsable de la construcción de una gran sala de oración. Falleció en 1877 sin ningún signo de enfermedad o dolor, permaneciendo durante muchos días en la unión de la luz clara de la madre y del hijo.

Ngawang Chöjor Gyatso, ante ti elevo estas súplicas.

Ngawang Chöjor Gyatso nació en 1846 y recibió las enseñanzas y el empoderamiento de Kalachakra del Tsangwa Gelong, Chöpel Gyatso. En una ocasión, mientras recibía esta iniciación, vio al Lama en forma de Kunkyen Dolpopa y experimentó la mente búdica no dual. Practicó diligentemente los Seis Yogas Vajra y alcanzó muchas grandes realizaciones, entre ellas, contar con poderes mágicos en sus sueños y percibir continuamente su cuerpo en el estado de luz clara. A la edad de cuarenta y cinco años se convirtió en el Maestro Vajra de Kalachakra del monasterio de Tsangwa. Falleció en 1910.

Oraciones a los Maestros de Linaje del Monasterio de Tashi Chöthang

Ngawang Chözin Gyatso, ante ti elevo estas súplicas.

Ngawang Chözin Gyatso, también conocido como Washul Lhazö Lama, era considerado una emanación de Akashagarbha, uno de los ocho grandes bodhisattvas. Estudió en el monasterio de Dzamthang Tsangwa, donde recibió todas las instrucciones sobre los Seis Yogas Vajra, principalmente por parte del Tsangwa Gelong. Fue autor de numerosas prácticas rituales y comentarios, y en una ocasión reveló que millones de deidades emanaban de su cuerpo. Sus conocimientos eran tan profundos que podía realizar hazañas milagrosas, como atravesar paredes y viajar a reinos puros como Shambala para recibir instrucciones. Muchas de las prácticas que se le revelaron de este modo siguen utilizándose hoy en día en los monasterios Jonang. Después de recorrer el país como representante del monasterio de Tsangwa, Chözin Gyatso se fue de retiro a la ermita que con el tiempo se convertiría en el monasterio de Tashi Chöthang. Allí enseñó a muchos grandes maestros, como Tenpa Rabgye y Bamda Gelek Gyatso. Tras su cremación se encontraron dos conjuntos completos de huesos en su estupa, lo que indicaba que había alcanzado la más elevada de las realizaciones, la unión del gozo inmutable y la forma vacía.

Ngawang Chözin Gyatso   *Ngawang Tenpa Rabgyé*   *Lama Lobsang Trinley*   *Khentrul Jamphal Lodrö*

Ngawang Tenpa Rabgye, ante ti elevo estas súplicas.

Ngawang Tenpa Rabgye nació en 1875. Recibió todas las instrucciones de los Seis Yogas Vajra de Ngawang Chözin Gyatso y experimentó muchos signos que indicaban su dominio de la práctica. También se adiestró en muchos otros tantras y contempló innumerables visiones de diversas deidades tántricas. A los veinticinco años estudió y practicó en el monasterio de Dzamthang Tsangwa. A los cincuenta y seis se convirtió en abad del

INVOCACIÓN EXTENSA AL LINAJE DEL YOGA VAJRA

monasterio de Chayul, y más tarde fue abad y maestro de Kalachakra en el monasterio de Tashi Chöthang. Llevó una vida muy humilde, sin preocuparse en absoluto por la riqueza o la posición social. Falleció a la edad de setenta y seis años, permaneciendo en el estado de luz clara durante seis días.

Lama Lobsang Trinle, disipador de la oscuridad, ante ti elevo estas súplicas.

Lama Ngawang Lobsang Trinle nació en 1917 en el valle de Zuka, en la región de Kham, al sureste del Tíbet. A los catorce años estudió en el monasterio de Chayul bajo la tutela de Ngawang Tenpa Rabgye. Se dedicó intensamente a la práctica de Kalachakra y en un par de semanas alcanzó los diez signos de realización. A los treinta años contrajo lepra, por lo que se retiró en soledad durante cinco años para entregarse a la práctica de Vajrapani. Mientras estaba en retiro, su enfermedad se manifestó en forma de miles de gusanos que salían de su cuerpo, se disolvían y se transformaban después en tormas. Pasó el resto de su vida atendiendo y curando a muchos enfermos de lepra y otras dolencias. Se esforzó incansablemente por restaurar la forma pura del budismo Mahayana y Vajrayana, así como por restablecer el monasterio de Chöthang, que había quedado en gran parte destruido debido a enfrentamientos. Aunque mostraba un aspecto completamente sano, falleció en 1999, en cumplimiento de sus propias predicciones. Muchas apariciones milagrosas acompañaron su muerte y, aún trece días después de su fallecimiento, su cuerpo no mostraba signos de descomposición. Todas sus reliquias preciosas se enviaron al palacio de Potala, en Lhasa, y no conservó ni una sola en su monasterio.

Khentrul Jamphal Lodrö, héroe del Dharma, ante ti elevo estas súplicas.

Khentrul Jamphel Lodrö nació el día 18 del segundo mes del año del Conejo de Agua. Su familia vivía en una comunidad nómada de la provincia de Golok, al este del Tíbet. Fue reconocido como la reencarnación del maestro de su madre, Getse Khentrul, quien en su vida anterior fuera el maestro de Kalachakra, Ngawang Chözin Gyatso. A los doce años comenzó sus estudios y prácticas budistas bajo la guía de Khenpo Sangten y otros Lamas. Asistió a once monasterios en el este del Tíbet, donde estudió detalladamente las cinco tradiciones y realizó un retiro de Kalachakra de tres años en el monasterio de Chöthang, bajo la guía de su maestro principal, Lama Lobsang Trinle. En 1997, Lobsang Trinle le otorgó el título de Khenpo, con lo que le autorizaba a enseñar. Dos años más tarde, el abad del monasterio de Dzamthang Tsangwa lo eligió para que enseñara ahí. Poco después, decidió abandonar su prestigioso cargo para pasar un tiempo en retiro solitario, antes de emprender una peregrinación a la India en el año 2000, para realizar prácticas en muchos de los sitios budistas sagrados.

Tras varias audiencias privadas con Su Santidad el Dalai Lama, en 2003 llegó a Australia con el objetivo de transmitir las poco comunes y preciosas enseñanzas de Kalachakra y establecer la tradición Jonang en Occidente. El título *khentrul* puede significar tanto "erudito del Dharma" o "abad" como "reencarnación reconocida". El nombre *Jamphel Lodrö* significa el "gentil y glorioso Manjushri", el bodhisattva de la sabiduría. Durante su estancia en Occidente, Khentrul Jamphel Lodrö se ha esforzado mucho por aprender inglés para poder transmitir de forma eficaz el precioso Dharma de la tradición Jonang a sus estudiantes.

Súplicas Adicionales al Lama

Bondadoso Lama Raíz, ante ti elevo estas súplicas.
Lama, ante ti elevo estas súplicas.
Señor del Dharma, ante ti elevo estas súplicas.
¡Que todos los padres espirituales y sus hijos del corazón me concedan sus bendiciones!

Esta estrofa nos anima a cultivar una actitud de profundo respeto y honra hacia el Guru o Lama y todos los maestros del linaje o señores del dharma. Esto incluye a los padres espirituales y a sus hijos de corazón, ya que el linaje se ha transmitido de maestro a discípulo de generación en generación. En este caso, *Lama* no se refiere sólo a un maestro "raíz", sino a cualquier persona de la que hayamos recibido empoderamientos o enseñanzas.

Quien posee devoción y fe en la asamblea de Lamas preciosos
constantemente les eleva súplicas en esta vida.
Así pues, que las bendiciones de la sabiduría primordial
del héroe compasivo entren en nuestro continuo mental.

La siguiente estrofa es un recordatorio de los beneficios de mantener a estos Lamas en nuestra memoria y cultivar devoción o gratitud hacia ellos. El mero hecho de recordarlos evoca nuestras propias buenas cualidades y, por tanto, nos brinda paz. Por otro lado, mantener la gratitud y la devoción hacia ellos durante toda la vida nos aportará beneficios aún mayores. Desde una perspectiva ordinaria, el agradecimiento y el aprecio son causas de nuestra propia felicidad. Esta gratitud también puede desarrollarse hasta convertirse en una devoción extraordinaria que nos conduzca a la iluminación, justo a lo que nos referimos cuando mencionamos la sabiduría primordial del héroe compasivo.

Que en todas mis vidas futuras nunca me separe del glorioso Lama
y siempre me deleite en la práctica del precioso Dharma.
¡Que alcance todos los planos y caminos iluminados
y rápidamente logre el estado de Vajradhara!

Cuando oramos para no separarnos nunca de nuestro glorioso Lama, estamos mostrando a nuestros maestros una gran honra y devoción. Además, si establecemos una conexión o vínculo kármico fuerte con nuestros maestros y amigos del dharma, es probable que volvamos a encontrarnos con ellos vida tras vida. Si no nos separamos de la Sangha (que incluye a todos los grandes seres Arya, así como a cualquier practicante aspirante que siga a Buda), nunca nos separaremos del precioso Dharma y nos dará una gran alegría ponerlo en práctica. Así, recorreremos gradualmente todos los caminos de la iluminación, atravesando los diversos niveles de realización, y finalmente alcanzaremos el estado de Vajradhara, la iluminación completa.

(Ten la certeza de que los Lamas del linaje sagrado se funden en luz y bendicen tu continuo mental.)

Todas estas prácticas preliminares constan de dos etapas: primero, elaboramos una visualización y establecemos una conexión con el tema de la práctica; después, disolvemos lo que hemos construido y reconocemos que todo eso no es más que algo compuesto por nuestra propia mente. En este caso, los Lamas del linaje sagrado, el foco de nuestra visualización, se disuelven o funden en luz y bendicen nuestro continuo mental, volviéndose inseparables de nuestra propia mente. Durante la visualización, adiestramos nuestra mente en el nivel de la verdad relativa, el nivel de las apariencias. Mientras disolvemos nuestra visualización, aprendemos a reconocer la naturaleza vacía de esas apariencias, la verdad última.

SEGUNDA PARTE

Preliminares Internas

— *El campo de refugio de la tradición Jonang* —
Asamblea de todos los Sublimes Objetos de Refugio

CAPÍTULO CUATRO

Refugio y Postraciones

El Refugio es la primera de las cinco prácticas preliminares internas. Después de contemplar las *Cuatro Convicciones de la Renuncia* nos invade una sensación de temor ante la posibilidad de permanecer en el samsara incluso un segundo más de lo necesario, pero este miedo va acompañado de la gran esperanza de que realmente es posible alcanzar la liberación si depositamos nuestra confianza y fe en las Tres Joyas. Esto significa específicamente tener fe en el *Buda* como nuestro guía, en el *Dharma* como las enseñanzas que impartió y en la *Sangha* como nuestros compañeros espirituales. No es posible seguir el camino del Buda hacia la iluminación sin tomar refugio. Por esta razón, el refugio se considera el fundamento de todos los caminos budistas.

Tomar refugio significa crear un vínculo espiritual entre nosotros y todos los grandiosos seres sagrados que encarnan las cualidades de la Budeidad y comprometernos a seguir las enseñanzas que han transmitido a través de un linaje auténtico. Podemos pensar en Buda como un médico, en el Dharma como la medicina que nos receta y en la Sangha como las enfermeras que nos ayudan a cuidarnos mientras estamos enfermos. Esta Sangha incluye tanto a la Sangha Arya de grandes realizaciones (aquellos que han percibido la verdad de la vacuidad y están en camino de alcanzar la iluminación), como a los seres ordinarios que actúan como nuestros amigos espirituales a lo largo del viaje. Aunque la Sangha nos aporta las condiciones propicias para el crecimiento, al final, depende sólo de nosotros tomar la medicina y poner en práctica las instrucciones del Dharma.

En general, podemos hablar de dos tipos de refugio: el refugio provisional y el refugio definitivo. En el nivel provisional, realizamos oraciones y postraciones a las Tres Joyas con una fe firme y con la motivación de liberar a todos los seres. Aquí 'fe' significa tener una total confianza y seguridad en las enseñanzas, que son la base para permitir que las bendiciones del refugio entren en nosotros. La mejor motivación para tomar refugio es la de liberar de la existencia cíclica a todos los seres sensibles. En el nivel definitivo, nos refugiamos en nuestra propia naturaleza búdica y en su potencial para manifestarse como los tres kayas de Buda. De este modo, el refugio provisional nos sirve como espejo para reflejar el refugio definitivo.

La siguiente práctica se divide en tres partes: visualización del campo de Refugio, recitación de las oraciones de Refugio a la vez que se realizan postraciones y, por último, disolución del campo de Refugio.

VISUALIZACIÓN DEL CAMPO DE REFUGIO

Como ocurre con todo lo nuevo, los detalles de esta visualización de refugio pueden parecernos abrumadores al principio. Sin embargo, es importante reconocer que cada detalle entraña muchos niveles de significado, por lo que es preciso mantener intactas todas sus características. Con esfuerzo y bastante práctica, no cabe duda de que seremos capaces de desentrañar incluso las capas más profundas de su profundo significado espiritual.

Hemos de tratar de desarrollar una visualización que sea dinámica, clara y vívida, y que al mismo tiempo se fundamente en la comprensión de su naturaleza no dual. No es necesario preocuparnos si tenemos dificultades con el aspecto visual. Simplemente hemos de centrar nuestra atención en la sensación de que todos estos objetos de refugio realmente se están manifestando en el espacio frente a nosotros, y tener cierta noción de su presencia. Al final, lo más importante es generar conciencia de lo que estos objetos significan en relación con nuestra práctica.

Para tomar refugio, que es la base de toda la práctica del Dharma, primero dirígete a un sitio solitario o tranquilo y deja reposar la mente en su estado natural, relajada y concentrada. Visualiza que el sitio donde te hallas se transforma en una tierra pura o un reino iluminado, vasto y extenso.

El primer paso es intentar disolver todas las apariencias ordinarias y considerar nuestro entorno como una tierra pura o un reino iluminado, vasto y extenso. Este reino puro está libre de todos los conceptos fijos ordinarios, tales como grande y pequeño, o de que las cosas se limiten a un solo aspecto. Conseguimos esto dejando la mente en su estado natural: relajada pero concentrada. Podemos crear esta sensación de apertura concentrándonos en el espacio que nos rodea o dejando reposar nuestra mente en el centro del corazón al final de cada exhalación.

En el centro de este reino se encuentra un gran palacio hecho de diversas materias preciosas y adornado con impresionantes joyas y ornamentos. En el centro del palacio se halla un enorme árbol que colma los deseos, con vastas ramas colgantes y hermosas hojas, flores y frutos que se extienden por doquier. En la copa del árbol se alza un magnífico y amplio trono sostenido por leones, y encima de éste se apilan un loto multicolor, con discos de sol, luna, Rahu y Kalagni.

Las materias preciosas y los ornamentos que adornan este gran palacio simbolizan la perfección y la pureza del entorno. El árbol que colma los deseos representa unos cimientos firmemente arraigados y la unidad de todos los seres iluminados, mientras que las ramas, las hojas y las flores simbolizan la multiplicidad de aspectos que se despliegan para satisfacer los deseos de todos los seres. El trono sostenido por leones es símbolo de majestuosidad y poder, el loto representa la pureza y los discos de sol y luna simbolizan la sabiduría y la compasión.

Sobre el trono está sentado tu Guru raíz bajo el aspecto de Vajradhara. Su cuerpo es de color azul y sostiene un vajra y una campana cruzados a la altura de su corazón. El Buda Primordial se sienta en la coronilla del Guru raíz.

Lama-Raíz   *Lamas del Linaje*

Vajradhara es la forma tántrica de la Iluminación, tal y como se describió anteriormente en la invocación a los maestros de linaje. Representa la mente iluminada de nuestro Lama raíz y se le otorga esta posición central porque es nuestro vínculo directo para alcanzar la Iluminación.

Alrededor de tu maestro vajra, en las ramas del árbol, se encuentran todos los Lamas del linaje, los treinta y cinco Reyes del Dharma de Shambala y todas las deidades Yidam del Tantra del Yoga Supremo, como Kalachakra. A su alrededor están las deidades Yidam de las

Deidades Yidam   *Budas Nirmanakaya*

cuatro clases de tantras.

En las plegarias anteriores nos centramos específicamente en los Lamas del linaje. Ahora incluimos también a las deidades yidam, que son formas tántricas de Buda, en su mayoría de apariencia colérica, que nos ayudan a lograr realizaciones tántricas. Cada yidam representa un conjunto diferente de cualidades iluminadas que podemos utilizar para enfocar nuestra mente y activar nuestro potencial oculto.

El glorioso Buda Shakyamuni y emanaciones de todos los budas supremos de las diez direcciones y los tres tiempos están sentados frente a tu Guru raíz, por debajo de las deidades Yidam.

Los Budas son seres plenamente iluminados, omniscientes y omnipresentes. Aparecen según el mérito de los seres en los tres tiempos —pasado, presente y futuro— y en las diez direcciones –las cuatro direcciones cardinales, las cuatro direcciones intermedias, arriba y abajo–. Esto incluye a Buda Shakyamuni del presente, así como a todos los Budas anteriores y futuros, como Dipankara y Maitreya.

Arya Bodhisattvas

Arhats Shravakas y Pratyekas

A su derecha, sobre las ramas del árbol, está la Arya Sangha Mahayana de los Ocho Bodhisattvas, entre los que se encuentran Maitreya,

Manjushri y Avalokiteshvara.

La Arya Sangha de los bodhisattvas se compone de aquellos que se encuentran en el camino hacia la budeidad y que han realizado directamente la visión profunda de la vacuidad, como el bodhisattva de la compasión, Avalokiteshvara, y el bodhisattva de la sabiduría, Manjushri. La única intención de estos seres sublimes es conducir a todos a la budeidad. Por esta razón, podemos considerarlos como nuestros guías y protectores personales.

A su izquierda está la Arya Sangha Hinayana de los shravakas y pratyekas como Shariputra.

También nos refugiamos en la Arya Sangha de los Shravakas y Pratekyas. Los *Shravakas*, también conocidos como oyentes, escuchan las enseñanzas de Buda y alcanzan el estado de Arhat o la liberación individual, siguiendo el camino que se practica hoy en día en la tradición Theravada. Los *Pratyekas*, también llamados realizadores solitarios, encuentran su propia liberación analizando la verdad de la originación dependiente sin depender directamente de las enseñanzas de un Buda.

Sabiduría Dakinis

Coléricos Protetores del Dharma

En la base de este árbol se encuentran dakinis, protectores del Dharma y guardianes dotados del ojo divino que, aunque custodian las enseñanzas preciosas, se encuentran ahí para protegerte.

Las dakinis se conocen en tibetano como *khandro*, que significa literalmente "caminantes celestiales". Son figuras divinas femeninas que poseen la capacidad de ayudar a los practicantes auténticos. Encarnan un tipo de energía espiritual que salvaguarda nuestro progreso espiritual y supera los obstáculos internos de nuestra práctica. Los protectores del Dharma son formas coléricas que nos protegen de los obstáculos externos y las fuerzas dañinas; encarnan un tipo de energía espiritual que, como una valla de hierro a nuestro alrededor, impide la entrada de la negatividad. Las dakinis y los protectores del dharma nos rodean como un océano, asegurándose de que siempre recibamos protección espiritual.

Detrás de las ramas, el sagrado Dharma aparece en forma de preciosos textos dorados.

Por último, la joya del Dharma está representada por preciosos textos de color dorado. Podemos imaginar que resuenan con el hermoso sonido del Dharma, especialmente el de las enseñanzas definitivas sobre la naturaleza búdica y el glorioso Tantra de Kalachakra.

Ten la certeza de que todo lo que visualizas es realmente así. Al mismo tiempo, toma la resolución de que en nombre de todos los seres sensibles, infinitos como el espacio, vas a refugiarte con gran urgencia y devoción en el Lama, las Tres Joyas y el océano de protección espiritual.

Incluso si no podemos recordar todos los detalles, hemos de tener la certeza de que todo lo que hemos visualizado es realmente así y no se trata simplemente de un ejercicio de imaginación. Como hemos entrado en el camino Mahayana, no nos refugiamos en solitario, sino junto con todos los seres con quienes tenemos una relación íntima, pues han sido nuestras madres, compañeros, amigos y parientes en innumerables vidas anteriores. Por lo tanto, podemos visualizar a nuestro padre en el lado derecho, a nuestra madre en el izquierdo, a nuestros adversarios frente a nosotros (les otorgamos un puesto de honor, ya que nos han ayudado a desarrollar la paciencia) y a las fuerzas dañinas ocultas a nuestra espalda. Extendemos esta visualización hasta abarcar a todos los seres imaginables del samsara y conducimos a todos a refugiarnos juntos en las Tres Joyas. El océano de protección espiritual se refiere a toda la asamblea de refugio: el Lama raíz, los Lamas del linaje, los yidams, las dakinis, los protectores del dharma y la Arya Sangha.

Conforme desarrollamos la visualización, debemos asegurarnos de recordar que los Lamas, yidams, budas, etc., no son algo externo, como una especie de dios; cada uno de ellos es más bien el reflejo de un aspecto importante de nuestra propia naturaleza búdica, y aparecen de diversas formas para guiarnos, sin dejar de ser uno en su naturaleza de sabiduría.

En especial, genera una motivación de gran compasión para liberar a todos los seres, y haz plegarias desde el fondo de tu corazón para que encuentren protección frente al sufrimiento del samsara. Toma refugio con esta fuerte aspiración.

De acuerdo con el camino Mahayana, no nos refugiamos sólo porque buscamos liberarnos del samsara, sino porque deseamos que todos los seres encuentren protección frente al sufrimiento samsárico. Por lo tanto, al realizar la práctica del refugio podemos hacer plegarias desde el fondo de nuestro corazón con una fuerte compasión y una intención decidida: "Qué maravilloso sería que todos pudieran ser libres. Que sean libres. Yo les ayudaré a encontrar la libertad. ¡Ruego a las Tres Joyas que encuentren la libertad."

RECITACIÓN DE LAS ORACIONES DE REFUGIO MIENTRAS SE REALIZAN POSTRACIONES

(Mientras mantienes esta visualización lo mejor posible, recita la oración de refugio extensa una vez y luego repite la oración de refugio corta tres o más veces mientras haces postraciones completas. Sólo es necesario hacer postraciones completas mientras tu práctica principal sea el Refugio.)

Tras haber establecido la visualización, debemos recitar la oración de refugio extensa una vez, reteniendo su significado en la mente. A continuación, repetimos la oración de refugio breve al menos tres veces mientras realizamos postraciones completas. Al realizar estas postraciones, hemos de llenar nuestra mente con pensamientos extraordinarios, recordando todas las asombrosas cualidades de estas Tres Joyas preciosas.

Oración de Refugio Extensa

Para el beneficio de todos los seres maternales, infinitos como el espacio, desde ahora y hasta que alcance la esencia de la Iluminación, me refugio en los venerables señores del Dharma, los gloriosos y sagrados Lamas raíz y del linaje, que son la esencia del cuerpo, palabra, cualidades y acciones de todos los Tathagatas de las diez direcciones y los tres tiempos, la fuente del conjunto de los 84,000 Dharmas, y los soberanos de toda la Sangha Arya.

No hay un solo ser en el samsara que no haya sido nuestra madre desde tiempos sin principio. Como madres nuestras, nos han amado con toda la bondad, ternura, cuidado y afecto posibles. Al igual que el espacio es ilimitado, también lo es el número de los bondadosos seres maternales que podemos encontrar en todas partes, al igual que el espacio. Es por ellos que nos refugiamos hasta alcanzar la iluminación.
 En esta práctica consideramos que el Lama —nuestro maestro huma-

no y, a la vez, nuestra conexión directa con la Iluminación—, es el objeto perfecto de refugio, ya que encarna las cualidades y acciones de todos los Budas y es el medio a través del cual escuchamos el Dharma. Por lo tanto, él es el vínculo con los 84,000 Dharmas que el Buda enseñó como remedio para las 84,000 aflicciones mentales que surgen de los tres venenos raíz: el apego, la aversión y la ignorancia. El Lama también es el rey de la Noble Arya Sangha, ya que es nuestro vínculo con innumerables seres elevados que tienen el poder de protegernos y guiarnos.

Oración de Refugio Breve

Me refugio en los señores del Dharma, los gloriosos y sagrados Lamas.
Me refugio en las deidades de los mandalas iluminados, los yidams.
Me refugio en los bhagavanes, los Budas perfectos.
Me refugio en el inmaculado Dharma sagrado.
Me refugio en la noble Sangha Arya.
Me refugio en las dakinis, los protectores del Dharma y los guardianes que todo lo ven con su ojo de la sabiduría primordial.

(Recita esta plegarias tres veces, o más si te estás centrando en la práctica del Refugio.)

Recitamos cada verso una y otra vez por el lapso que dura hacer una sola postración. Por ejemplo, mientras repetimos "Me refugio en los señores del Dharma, los gloriosos y sagrados Lamas", realizamos una postración completa. Del mismo modo, mientras recitamos "Me refugio en las deidades de los mandalas iluminados, los yidams", hacemos otra postración completa. Continuamos así mientras recitamos los versos restantes.

Mientras completamos las postraciones, podemos pensar en el sufrimiento de todos los seres maternales y aspirar a trabajar incansablemente en su beneficio. Con cada estrofa completamos un total de seis postraciones. No obstante, lo más importante es el sentimiento y no el número exacto de postraciones.

En la tradición Jonang, las sesiones de la práctica de refugio duran hasta dos horas. Por lo general, la oración y las postraciones se hacen juntas hasta acumular un total de 100,000 veces. Esta práctica afirma nuestra entrega y compromiso con las Tres Joyas y es también una forma eficaz de destruir nuestro orgullo.

Disolución del Campo de Refugio

Una vez concluida la sesión, recitamos tres veces el siguiente verso:

Rindo homenaje y me refugio en el Lama y las Tres Joyas preciosas. ¡Les suplico que bendigan mi continuo mental!

Con este verso hacemos una transición a la parte final de la práctica, ya que pedimos al Lama y a las Tres Joyas preciosas que bendigan nuestro continuo mental y, por lo tanto, que nos colmen de todas sus buenas cualidades. Estas cualidades continuarán creciendo en nuestro continuo mental hasta que alcancemos la iluminación. A diferencia de las cinco conciencias sensoriales, el hecho de que esta conciencia mental pueda desarrollarse de forma ilimitada es lo que hace posible la iluminación.

Si tu práctica principal es el Refugio: Una vez que hayas terminado las recitaciones y postraciones, visualiza que los objetos de Refugio se funden en luz y se disuelven en tu continuo mental, como agua vertida sobre agua. Ten la certeza de que te has vuelto inseparable del campo de Refugio. Si tu práctica principal no es el Refuio: Mantén la visualización del Refugio a continuación.

Cuando el refugio es nuestra práctica principal, el paso final es disolver el campo de refugio, visualizando que todos los objetos se funden en luz y se disuelven en nuestro continuo mental así como en la mente de todos los demás seres sensibles. Esta es la práctica definitiva del refugio, gracias a la cual aprendemos a reconocer que ya no existe un "yo" y un "ellos" independientes.

Por lo general, este proceso se lleva a cabo en cuatro pasos: (1) En primer lugar, los Lamas raíz y del linaje nos bendicen con rayos de luz resplandecientes. A continuación, recibimos las bendiciones de los yidams, seguidas de las de los Budas, los textos del dharma, la Sangha, las dakinis y los protectores del dharma. (2) Después, todo el campo de refugio irradia luz para purificar las impurezas de todos los seres. Esta luz se extiende hasta llegar a los reinos búdicos a medida que todos se convierten en budas. (3) Las dakinis y los protectores del dharma se disuelven en la sangha, que a su vez se disuelve en los textos del dharma. Dichos textos se disuelven en los Budas, los Budas se disuelven en los yidams, los yidams se disuelven en los maestros del linaje y, finalmente, los maestros del linaje se disuelven en el Lama raíz, Vajradhara. El inmenso palacio y el árbol que colma los deseos también se disuelven en Vajradhara. (4) Finalmente, Vajradhara se coloca sobre nuestra cabeza disolviéndose a través del chakra de la coronilla y termina reposando en nuestro chakra del corazón.

La idea es simplemente observar lo que está sucediendo e intentar reconocer cómo todos estos objetos son, de hecho, inseparables de nuestra propia mente. Este proceso se asemeja a verter agua en el agua, aunque inicialmente puede sentirse como algo mucho más sólido. Después de practicar durante algún tiempo, la solidez de la visualización se desvanece y, finalmente, puede llegar a parecerse a romper un jarrón y ver cómo el espacio que hay dentro del jarrón se une con el espacio que hay fuera.

Si el refugio no es nuestra práctica principal, mantenemos la visualización del refugio mientras pasamos a la siguiente práctica preliminar. En este caso, disolveremos el campo al final de la práctica de la Boddhicitta.

Dedicación

Que gracias al poder de esta virtud, complete las acumulaciones de mérito y sabiduría y que gracias a estos méritos y sabiduría alcance los dos kayas de la Iluminación para el beneficio de todos los seres.

Como ocurre con cualquier práctica Mahayana, terminamos dedicando la virtud o el mérito que hemos acumulado para que todos los seres puedan alcanzar la Iluminación. El mérito es la energía positiva que creamos al realizar esta práctica o al llevar a cabo cualquier acción virtuosa con una buena motivación. La sabiduría, por su parte, consiste en darse cuenta de que la naturaleza última de todos los fenómenos relativos está vacía de existencia verdadera, lo cual se consigue mediante la contemplación profunda y la práctica de la meditación. La sabiduría y el mérito son las causas para alcanzar los dos kayas de la iluminación: el dharmakaya, que es la sabiduría primordial que percibe la naturaleza verdadera de todos los fenómenos, y el rupakaya, que es la expresión compasiva de la forma iluminada, que se manifiesta para el beneficio de todos los seres. El rupakaya incluye a su vez los aspectos del sambhogakaya y el nirmanakaya del Buda.

No dedicar el mérito de nuestra práctica es como dejar dinero en el alféizar de una ventana, donde es fácil que lo roben o que se lo lleve el viento. En cambio, dedicar el mérito para el logro de la iluminación es como invertir ese dinero en un banco. Nunca se destruirá y seguirá creciendo hasta que alcancemos la iluminación.

—*Avalokiteshvara, Manjushri y Vajrapani* —
Los Tres Grande Bodhisattvas de Compasión, Sabiduría y Poder

CAPÍTULO CINCO

Generación de la Mente de la Iluminación

Bodhicitta es la intención altruista extraordinaria de alcanzar la iluminación para el beneficio de todos los seres. Esta actitud es la esencia del camino Mahayana. La semilla de la bodhicitta es la gran compasión, que se establece primero contemplando profundamente la naturaleza de nuestra relación con los seres sensibles y cultivando el vínculo que sentimos hacia ellos. Este proceso conduce a una forma de bodhicitta conocida como *bodhicitta anhelada*. Cuando esta aspiración se fortalece, la mente generará de forma natural el deseo de actuar en beneficio de ellos. Esta forma proactiva de bodhicitta se conoce como *bodhicitta aplicada*. Esta poderosa motivación constituye la base para alcanzar nuestros objetivos espirituales más elevados.

Para generar la forma aspiracional de la bodhicitta, primero hemos de comprender que todos los seres son iguales a nosotros en su deseo de ser felices y de evitar el sufrimiento. Esta igualdad fundamental constituye la base sobre la que podemos desarrollar el amor incondicional y la compasión hacia todos los seres sensibles, independientemente de su raza, color o credo. No sólo abarca a los seres humanos, sino también a la gran variedad de animales y otras formas de vida no humanas.

Además, hemos renacido en el samsara desde tiempos sin principio, y en cada ocasión hemos recibido el apoyo y los cuidados de otros seres sensibles que han sido nuestras madres, nuestros amantes, nuestros amigos y nuestras familias. Así que, aunque tal vez no los reconozcamos en esta vida, podemos estar seguros de que hemos recibido de ellos una bondad inconmensurable y de que compartimos un vínculo extremadamente íntimo. Si reconocemos esta conexión y desarrollamos un profundo sentimiento de gratitud por su bondad, resultará natural que sintamos el deseo de retribuir su bondad de cualquier forma que nos sea posible.

Cuando observamos el estado de nuestras queridas madres, los seres sensibles, vemos que están atrapados en un ciclo perpetuo de sufrimiento sin fin. Es como si estuvieran atrapados en una pesadilla y no supieran que es posible despertar. Al reflexionar detenidamente sobre esta situación, nos daremos cuenta de que la única forma de ayudarles realmente es mostrarles cómo superar sus engaños por medio de la práctica de un camino que les conduzca a la felicidad perpetua. Cuando asumamos esta tarea como una responsabilidad personal, habremos desarrollado la intención altruista de la bodhicitta: el deseo de alcanzar la mente omnisciente de la iluminación para poder ayudar mejor a nuestras queridas madres en todas las circunstancias posibles, guiándolas paso a paso hasta que ellas también alcancen la paz definitiva. Al desarrollar esta intención de largo alcance, no sólo estamos aliviando su dolor de manera temporal, sino que ofrecemos a los seres un método genuino para alcanzar la liberación permanente del sufrimiento.

Tanto la bodhicitta anhelada como la bodhicitta aplicada se consideran provisionales por naturaleza. Son medidas temporales que nos proporcionan el combustible necesario para alcanzar nuestro objetivo. En última instancia, sin embargo, la iluminación se logra por medio de una realización directa de la naturaleza de la realidad. Esto se conoce como *bodhicitta suprema*. Es como una valla que rodea y protege nuestra compasión. Cuando nos damos cuenta de que, aunque nuestro objetivo sea llevar a innumerables seres sensibles a la iluminación, en primer lugar nunca hubo seres realmente existentes, nuestra compasión tiene la libertad de manifestarse de forma espontánea e imparcial. Nuestra mente puede reposar en el significado definitivo y, desde esa perspectiva, emprender acciones libres de los conceptos de 'la persona que realiza la acción', 'la acción que se está realizando' y 'el objeto que es el foco de la acción'. Reconocemos que cada uno de estos es una manifestación de la mente y, puesto que el éxito y el fracaso son conceptos que también están en la

GENERACIÓN DE LA MENTE DE LA ILUMINACIÓN

mente, nunca existe la posibilidad de desgastarse o quedar inmovilizado por puntos de vista demasiado moralistas u orientados a objetivos. Esta perspectiva increíblemente flexible nos permite convertirnos en estos héroes intrépidos y compasivos conocidos como Bodhisattvas.

Una vez que nuestra actitud comience a transformarse gracias a la fuerza de nuestra bodhicitta, nuestra práctica se orientará de forma natural hacia un compromiso cada vez mayor con los seres sensibles en nuestra vida. Esto significa que aprovecharemos las numerosas oportunidades que surjan para ofrecer nuestro tiempo y recursos en beneficio de los demás. Tal vez esto pueda ocurrir en forma de trabajo voluntario en nuestra comunidad local, o trabajando día a día para brindar más amor y compasión a las personas con quienes nos relacionamos. En este contexto, nos comprometemos con el adiestramiento de los bodhisattvas, centrándonos específicamente en lo que se conoce como las *Seis Perfecciones*: la generosidad, la disciplina ética, la paciencia, la diligencia, la concentración meditativa y la sabiduría.

A medida que participamos en actividades cada vez más significativas, nuestro conocimiento de las distintas formas en que sufren las personas se irá ampliando. Empezaremos a ver que los sufrimientos obvios —como el sufrimiento del cáncer, los sufrimientos relacionados con vivir con una discapacidad o los sufrimientos de acercarse a la muerte— son simplemente un nivel de sufrimiento. Cuando miremos más detenidamente, podremos ver que también existen formas más sutiles de sufrimiento que experimentan incluso aquellos que normalmente consideraríamos afortunados y exitosos, como el sufrimiento del miedo, la ansiedad y el estrés. El desafío de nuestro adiestramiento es analizar en profundidad la naturaleza de las experiencias de los seres sensibles y desarrollar una profunda compasión por cada uno de ellos. Esta compasión impulsará nuestra práctica y nos pondrá en acción.

Durante la práctica preliminar de la bodhicitta, recitamos y contemplamos el significado de diversas oraciones diseñadas para ayudarnos a generar la aspiración de alcanzar la iluminación. En esta práctica, solicitamos a las Tres Joyas que sean testigos de cómo desarrollamos la firme convicción de actuar en beneficio de los seres sensibles. Para que estas meditaciones realmente cobren fuerza, lo ideal es que complementemos nuestra recitación con bastante estudio y reflexión sobre temas como la bodhicitta, los votos del bodhisattva y las seis perfecciones. Este material nos proporcionará un contexto claro para nuestra práctica y nos ofrecerá muchas perspectivas diferentes a tener en cuenta. Si nos comprometemos genuinamente con este proceso, querremos dedicar al menos unos meses de práctica intensiva a estas contemplaciones o el tiempo que sea necesario para familiarizarnos con los puntos esenciales.

Cabe mencionar que esta práctica en particular no consiste en repetir oraciones miles de veces. No las acumulamos como haríamos con las postraciones o los mantras. Se trata más bien de dedicar tiempo a integrar realmente esta actitud en nuestro comportamiento. Hecha esta aclaración, esta práctica preliminar consta de tres partes: generar la bodhicitta anhelada, reforzar nuestra aspiración con los cuatro inconmensurables y renovar nuestro voto de comprometernos en el adiestramiento del bodhisattva.

GENERACIÓN DE LA BODHICITTA ANHELADA

Primero comenzamos estableciendo la visualización del campo de Refugio como apoyo para nuestra práctica de la bodhicitta. Por lo general, las oraciones de refugio se recitan antes de esta práctica, por lo que la visualización debe estar fresca en la mente. Si no es así, simplemente dedicamos unos momentos a restablecer los detalles de la visualización. En esta práctica es muy importante tener una sensación clara de estar rodeados de seres sensibles ilimitados. Después de todo, su sufrimiento es el principal estímulo para desarrollar la cualidad de la compasión. Una vez que hayamos traído a la mente la visualización y hayamos tomado refugio al menos tres veces, continuaremos recitando esta oración:

Para la liberación de todos los seres, voy a alcanzar el estado de la budeidad completa. Por lo tanto, voy a meditar en el profundo camino del Yoga Vajra.

(Se repite tres veces o más.)

En esta oración estamos despertando la aspiración de alcanzar el estado de la budeidad completa para poder beneficiar a todos los seres sensibles de la forma más grandiosa y extensa posible. Esta primera línea destaca los dos componentes clave de la motivación: el propósito y el método. El propósito es beneficiar a los seres sintientes, basándonos en un sentimiento abrumador de conexión con los demás y en el fuerte deseo de liberarlos de todas las formas de sufrimiento. El método es lo que necesitamos hacer para cumplir nuestro propósito. Puesto que sólo la mente omnisciente de un Buda está completamente libre de todas las limitaciones, sólo un Buda puede realmente beneficiar a todos los seres sensibles sin excepción. Cuando alcancemos los dos kayas de la Budeidad, no sólo obtendremos el máximo beneficio para nosotros mismos, sino también el máximo beneficio para los demás.

Shantideva capta perfectamente el sabor de este deseo en su obra *Adopción de la conducta del bodhisattva*:

*Que sea un protector para los desvalidos,
un guía para los viajeros en el camino
y para los que desean cruzar el agua
que sea un puente, un bote o un navío.*

*Que sea una isla para quienes la buscan,
una lámpara para quienes la luz anhelan,
para aquellos que desean descansar, una cama
y un sirviente para quienes lo desean.*

*Que sea la joya que colma los deseos,
la vasija del tesoro, el mantra poderoso,*

*la medicina que todo lo cura, el árbol milagroso
y la vaca de la abundancia para todos los seres.*

*Como el espacio, la tierra
y los otros grandes elementos,
que de múltiples formas sustente siempre
las vidas de los seres infinitos.*

*Asimismo, hasta que todos los seres,
que pueblan el espacio hasta sus últimos confines,
pasen más allá del sufrimiento
que los provea de todo lo necesario para la vida.*

Para que el estado de Budeidad se haga realidad lo más rápidamente posible, se necesitan métodos poderosos para cortar con nuestros engaños y purificar nuestra mente de todos los condicionamientos kármicos. Por esta razón generamos la aspiración de meditar en el profundo Camino del Yoga Vajra de la etapa de consumación de Kalachakra. Este es el método supremo que se utiliza en la tradición Jonang para desarrollar un profundo nivel de concentración y comprensión de la naturaleza de la realidad. Con la motivación pura de la bodhicitta, gran cantidad de trabajo arduo y una dedicación inquebrantable, sin duda es posible alcanzar la iluminación en una sola vida.

Mientras recitamos esta oración, también hemos de tomarnos un tiempo para reflexionar en lo que estas palabras significan para nosotros. ¿Por qué es tan importante para nosotros ayudar a los seres sensibles? ¿Qué requerimos para poder cumplir sus deseos? ¿Cuáles son los beneficios de alcanzar la Budeidad? ¿Cuáles son los beneficios de practicar el Camino de Kalachakra? Si podemos responder sinceramente a estas preguntas, esta aspiración adquirirá un significado profundo y nos proporcionará una base sólida para nuestro continuo desarrollo espiritual.

CULTIVO DE LOS CUATRO INCONMENSURABLES

Cuando comenzamos esta práctica, nuestra aspiración a alcanzar la iluminación es bastante débil. Es como una semillita que acabamos de plantar en la tierra. Si alguna vez esperamos obtener el fruto de esa semilla, tenemos que nutrir nuestra aspiración para que nos capacite para emprender acciones virtuosas. Este proceso de maduración se logra a través de lo que se conoce como los *Cuatro Inconmensurables*: el amor, la compasión, la alegría y la ecuanimidad. Cultivamos estas cualidades recitando estas cuatro aspiraciones básicas, en las que cada verso coincide respectivamente con cada uno de los Cuatro Inconmensurables:

Que todos los seres gocen de la felicidad y de sus causas.
Que todos los seres estén libres del sufrimiento y de sus causas.
Que todos los seres nunca se separen de la felicidad sublime que está libre de sufrimiento.
Que todos los seres moren en la gran ecuanimidad libre de apego y aversión.

(Repite esta oración una o tres veces, o más si estás centrándote en la práctica de bodhicitta.)

Al principio, nuestra bodhicitta es bastante limitada debido a nuestra parcialidad hacia algunos seres sensibles. A medida que cultivamos estas cuatro cualidades, derribamos las barreras de nuestra parcialidad, lo que permite que nuestra aspiración abarque cada vez a más seres. Cuando dicha parcialidad desaparece por completo, estas cualidades tienen la libertad de convertirse en "*inconmensurables*": inconmensurables en el sentido de que nuestra motivación se dirige hacia seres sintientes ilimitados; inconmensurables en el sentido de que estamos dispuestos a dedicar incontables vidas futuras a alcanzar nuestro objetivo y, por último, inconmensurables en el sentido de que el resultado de alcanzar la Budeidad goza de un despliegue infinito de cualidades iluminadas.

Al meditar sobre los cuatro inconmensurables, puede ser útil que empecemos por reflexionar sobre la naturaleza de nuestras relaciones con los seres sensibles. En particular, hemos de intentar establecer una conexión con ellos contemplando la manera en que todos somos iguales. También hemos de considerar la increíble bondad que los seres nos han mostrado en esta vida y, por inferencia, en vidas pasadas sin principio. Debemos intentar cultivar un sentimiento de amor afectuoso que perciba a los demás como si fueran nuestros seres queridos, como nuestra madre u otros familiares cercanos. Cuanto mayor sea nuestro afecto por los seres sensibles, mayor será nuestro deseo de verlos libres de sufrimiento.

Partiendo de esta base, podemos comenzar a recitar la oración de los Cuatro Inconmensurables. Con cada verso, intentamos cultivar una intención cada vez más fuerte. Empezamos por acostumbrarnos a la posibilidad de que los seres sensibles realmente podrían experimentar nuestra aspiración. Por ejemplo, podemos sustituir la palabra "Que" por "¡Qué maravilloso sería que...!" para formar el verso: "¡Qué maravilloso sería que todos los seres gozáramos de la felicidad y de sus causas".

Una vez que hayamos establecido esta posibilidad, podemos repetir la línea de nuevo, pero ahora con un fuerte anhelo de que esta aspiración se haga realidad. Así, para el primero, el amor inconmensurable, recitamos: "Que todos gocemos de la felicidad y de sus causas". La clave aquí es realmente creer que el resultado de esta aspiración es algo valioso y deseable.

A continuación, volvemos a recitar el verso, pero esta vez reconocemos que los seres sensibles han estado sufriendo en el samsara desde tiempos sin principio y que, a menos que alguien haga un esfuerzo, nuestra aspiración no se hará realidad. Por lo tanto, desarrollamos un sentido de la responsabilidad para ponernos en acción. Por ejemplo, podemos pensar: "¡Yo haré que todos gocemos de la felicidad y sus causas!". Cuando esta aspiración surja de manera genuina en nuestra mente, habremos generado la intención altruista que marca la transición de la bodhicitta anhelada a la bodhicitta aplicada.

Por último, debemos reconocer que, para tener éxito en nuestra aspi-

GENERACIÓN DE LA MENTE DE LA ILUMINACIÓN

ración, necesitaremos de una ayuda considerable. Por esta razón, desde el fondo del corazón hemos de recordar nuestros objetos de refugio y elevarles oraciones para que nos den la fuerza y la determinación que requerimos. Si conseguimos integrar estos cuatro aspectos en cada uno de los Cuatro Inconmensurables, nuestra convicción y seguridad aumentarán gradualmente.

Para cultivar los Cuatro Inconmensurables, podemos utilizar la oración de cuatro versos que se encuentra en La Escalera Divina, o bien recitar la siguiente versión extensa:

Qué maravilloso sería que todos los seres gozáramos de la felicidad y sus causas.
Que todos gocemos de la felicidad y sus causas.
Yo haré que todos gocemos de la felicidad y sus causas.
Por favor, Guru Buda, bendíceme para que sea capaz de lograrlo.

Qué maravilloso sería que todos los seres nos liberáramos del sufrimiento y de sus causas.
Que todos nos liberemos del sufrimiento y de sus causas.
Yo haré que todos nos liberemos del sufrimiento y de sus causas.
Por favor, Guru Buda, bendíceme para que sea capaz de lograrlo.

Qué maravilloso sería que todos los seres nunca nos separáramos del gran gozo de un renacimiento afortunado y la liberación.
Que nunca nos separemos de estos estados.
Yo haré que nunca nos separemos de ellos.
Por favor, Guru Buda, bendíceme para que sea capaz de lograrlo.

Qué maravilloso sería que todos los seres moráramos en ecuanimidad, libres de apego y aversión, sin considerar a unos cercanos y a otros distantes.
Que todos moremos en ecuanimidad.
Yo haré que todos moremos en ecuanimidad.

Por favor, Guru Buda, bendíceme para que sea capaz de lograrlo.

VOTO DEL BODHISATTVA

Si hemos recibido previamente el voto de bodhisattva de un maestro auténtico, el final de la sesión es un buen momento para renovar nuestro voto. Con el Campo del Refugio fresco en la mente, apoyados sobre una rodilla y con las palmas de las manos juntas, recitamos las siguientes dos estrofas de la Adopción de la *conducta del Bodhisattva*:

Así como los sugatas del pasado
generaron la mente del despertar
y practicaron de forma gradual
el adiestramiento del bodhisattva,

del mismo modo, también yo,
por el beneficio de todos los seres,
generaré la bodhicitta y practicaré gradualmente
el adiestramiento del bodhisattva.

(Repite estas estrofas tres veces. Después, genera la certeza de que has recibido el Voto del Bodhisattva)

Aunque esta sección no forma parte de La Escalera Divina tradicional, la he incluido aquí porque creo que es importante que renovemos nuestros votos a diario. Esto nos ayuda a mantener la pureza de nuestros votos y a reforzar nuestro compromiso de practicar las Seis Perfecciones. Quienes no hayan recibido estos votos pueden omitir esta sección por completo.

CONCLUSIÓN

Para concluir la sesión, disolvemos el Campo del Refugio tal y como se ha descrito en el capítulo anterior sobre la práctica del Refugio. Primero,

GENERACIÓN DE LA MENTE DE LA ILUMINACIÓN

las dakinis y los protectores del Dharma se disuelven en la Arya Sangha; a continuación, la Sangha se disuelve en el Dharma; el Dharma se disuelve en los Budas; y los Budas se disuelven en los Yidams y los Gurus, respectivamente. Finalmente, los Gurus y toda la visualización se disuelven en Vajradhara, que llega a nuestra coronilla y se disuelve en nosotros. Reposamos un rato en este estado y luego finalizamos dedicando cualquier mérito que hayamos acumulado para la iluminación de todos los seres sensibles.

CAPÍTULO SEIS

Purificación de Vajrasattva

La práctica de Vajrasattva nos permite revelar la realidad de nuestra naturaleza búdica, la cual se encuentra actualmente oculta como resultado de las impurezas creadas por el apego, la agresión y los engaños. Nuestro estado presente es como un trozo de vidrio sucio. Esta práctica nos brinda un método poderoso para remover la suciedad con la certeza de que debajo hay un cristal completamente puro e impecable. Gracias a la práctica de Vajrasattva, esta seguridad se incrementará constantemente a medida que nos acerquemos más y más a descubrir la pureza innata de nuestra naturaleza más profunda.

¿Qué necesitamos purificar? Actualmente nos dominan nuestras emociones negativas y nos controla el condicionamiento kármico que hemos desarrollado a lo largo de incontables vidas. La mayoría de personas rara vez toma en consideración el papel que desempeña el karma negativo en sus experiencias desafortunadas o en los obstáculos a los que se enfrentan. Como la influencia de nuestro karma permanece escondida de nuestra conciencia ordinaria, por lo general no reconocemos que lo que consideramos las causas de nuestra felicidad o sufrimiento son sólo condiciones temporales: no son la raíz.

Por otra parte, en nuestro continuo mental actual llevamos tendencias kármicas específicas que nos impiden desarrollar una buena comprensión del Dharma o dedicarnos eficazmente a ciertas prácticas. Esto resulta especialmente cierto en el caso de prácticas profundas como los Seis Yogas Vajra. Según el budismo Vajrayana, todas estas tendencias negativas se almacenan como "nudos" energéticos en los canales del cuerpo sutil. Como la mente se relaciona estrechamente con el movimiento de la energía, no podremos alcanzar realizaciones más elevadas hasta que no hayamos eliminado estos nudos. Por esta razón, utilizamos la extraordinaria práctica de visualización de Vajrasattva para "lavar" toda esta energía negativa y sanar el cuerpo sutil, dejándolo listo para la práctica.

Al purificar estas tendencias kármicas evitamos que maduren en el futuro, con lo cual garantizamos nuestro progreso eficaz en el camino espiritual. La purificación se logra mediante la aplicación de cuatro componentes conocidos como los *Cuatro Poderes*:

1. **Poder del Apoyo:** Para trascender nuestras propias limitaciones, es importante apoyarnos en objetos que realmente sean capaces de brindarnos refugio frente a nuestro sufrimiento. En general, nuestro principal objeto de refugio son las Tres Joyas: el Buda, el Dharma y la Sangha. Para esta práctica, sin embargo, nos apoyamos específicamente en el poder curativo y la pureza de nuestra propia naturaleza búdica, que se manifiesta en la forma de una deidad blanca y radiante conocida como Vajrasattva. El nombre "Vajrasattva" significa literalmente "héroe iluminado" o "la encarnación de la energía indestructible de la Iluminación".

    En esta práctica, la recitación de diversos detalles de Vajrasattva nos ayuda a construir gradualmente nuestra visualización. Sin embargo, el punto esencial a recordar es sentir la presencia de Vajrasattva en el espacio sobre nosotros. Podemos reforzar nuestra conexión personal con Vajrasattva reconociendo que su naturaleza es inseparable de la naturaleza de nuestro Lama y, por lo tanto, también es inseparable de nuestra propia naturaleza. Nuestra conexión con esta naturaleza es la que purificará nuestra mente y nos guiará hacia la iluminación. Si nuestra confianza en Vajrasattva es fuerte y estable, podemos estar seguros de que la purificación que sigue a continuación será igualmente poderosa.

2. **Poder del Arrepentimiento:** Con Vajrasattva como testigo, el siguiente paso es reconocer sinceramente nuestras tendencias negativas sin ocultar nada. Abandonamos por completo todo sentimiento de orgullo y exponemos nuestros errores en presencia de Buda Vajrasattva. Reconocemos que, movidos por el deseo, el odio o el descuido, nos hemos comportado de forma imprudente y que las tendencias que esas acciones han creado nos conducirán sin duda a sufrir en el futuro. Podemos pensar que estas acciones negativas son como un veneno letal que acabamos de ingerir. De este modo, desarrollaremos el fuerte deseo de librarnos del veneno y purificarnos por completo de toda negatividad.

   En Occidente debemos tener cuidado de distinguir entre un arrepentimiento sincero y un sentimiento de culpa o autocrítica. La purificación consiste en recordar que nuestra naturaleza subyacente es pura y está libre de impurezas. Está llena de cualidades iluminadas, como el amor incondicional y la compasión, y es en esta naturaleza en la que necesitamos centrarnos.

3. **Poder del Antídoto:** Con un fuerte arrepentimiento en nuestra mente, necesitamos realizar una acción virtuosa que nos ayude a crear una fuerza positiva que se oponga a las tendencias que buscamos purificar. En esta práctica, el "antídoto" consiste en recitar el mantra de Vajrasattva mientras visualizamos que un radiante néctar blanco limpia nuestro cuerpo de impurezas. Ambas técnicas son medios hábiles para ayudarnos a recordar la pureza de nuestra naturaleza.

   Aunque esta práctica de purificación es particularmente poderosa, existen también muchos otros métodos que podemos utilizar. Por ejemplo, podemos esforzarnos por realizar obras buenas, ser amables y compasivos con los demás, enmendar los daños que hemos causado, cultivar la paciencia ante las adversidades o pedir perdón cuando sea apropiado. Cualquiera que sea el método que elijamos como remedio, no debemos olvidar dedicar los méritos a purificar nuestra mente.

4. **Poder de la Resolución:** Para concluir el proceso de purificación es necesario que tomemos la firme determinación de abstenernos de volver a cometer esas acciones negativas. Una vez que hayamos identificado claramente el comportamiento erróneo o el voto que hemos roto, debemos intentar generar la determinación de nunca más repetir esa acción en el futuro, incluso a costa de nuestra vida. Desarrollar una resolución así de fuerte es lo que da poder a nuestra purificación y hace posible limpiar vidas enteras de karma negativo.

   Pero si en un sentido práctico aún no nos sentimos capaces de abandonar por completo un comportamiento concreto, podemos empezar por reforzar nuestra determinación de abstenernos de esa acción durante un periodo de tiempo determinado. Por ejemplo, podemos pensar: "Durante la próxima semana no haré esto o aquello". Lo principal es desarrollar una fuerte aspiración de abstenernos de la conducta negativa; luego, con el tiempo, esa resolución acabará siendo lo suficientemente poderosa como para permitirnos abandonar por completo las acciones no virtuosas.

La siguiente práctica está especialmente diseñada para ayudarnos a generar estos cuatro poderes y garantizar que nuestra purificación sea fuerte y eficaz. Podemos recitarla esta práctica de forma independiente o como parte de nuestra recitación diaria de la Escalera Divina.

PRÁCTICA BREVE DE VAJRASATTVA CON COMENTARIO

Antes de comenzar esta práctica, hemos de refugiarnos en las Tres Joyas y generar bodhicitta, como se ha descrito anteriormente. Con esta base, podemos comenzar la práctica en sí.

Visualización

Comenzamos por establecer la visualización en nuestra mente. Antes de generar dicha visualización, es necesario que disolvamos las apariencias ordinarias recitando el siguiente mantra:

OM SVABHAVA SHUDDHA SARVA DHARMA SVABHAVA SHUDDO HAM
Todos los fenómenos, incluido uno mismo, entran en el estado natural de la vacuidad.

El propósito de este mantra es purificar todas las apariencias en el estado natural y puro de la vacuidad, la verdad última, que está vacío de todo fenómeno engañoso. Visualizamos nuestro cuerpo y todas las apariencias como un reflejo vacío, como el reflejo de la luna en un lago.

Del estado natural de la vacuidad, sobre mi coronilla, aparece la sílaba PAM (ཾ) que se transforma en una flor de loto blanca de ocho pétalos. Sobre la flor de loto aparece la sílaba AH (ཨཿ) que se transforma en un disco de luna llena. Encima del disco lunar aparece la sílaba HUNG (ཧཱུྃ) que se transforma en un vajra blanco de cinco puntas marcado con una sílaba HUNG (ཧཱུྃ) en su centro.

Lentamente, el estado natural de la vacuidad cobra vida como el reflejo en un espejo, y de éste surge la sílaba PAM (པཾ), que se transforma en una flor de loto blanca que simboliza la cualidad de desapego innato de la naturaleza búdica. La sílaba AH (ཨཱཿ) representa la palabra de todos los Budas, mientras que el disco de luna llena es el símbolo de la compasión. La sílaba HUNG (ཧཱུྃ) representa la mente de todos los Budas y el vajra representa que su poder espiritual y su sabiduría son indestructibles e inquebrantables. Los vajras suelen estar hechos de metal y tienen cinco puntas en cada extremo, lo que representa las cinco familias del Buda o las cinco sabidurías de un Buda.

Para que se revele el dharmakaya o el Buda natural en nuestro interior, necesitamos acumular mérito y purificar todas las impurezas en el nivel relativo. Así, el loto, el vajra y las sílabas semilla representan la generación de mérito y el proceso de purificación durante las distintas etapas de la existencia: el nacimiento, la vida natural, la muerte, el bardo y el renacimiento.

La sílaba HUNG (ཧཱུྃ) irradia luz luminosa a todos los universos y hace ofrendas ilimitadas a todos los seres Arya. La luz se irradia a continuación a todos los seres y purifica sus negatividades y oscurecimientos. Luego regresa y se disuelve en la sílaba HUNG (ཧཱུྃ) y entonces el vajra blanco de cinco puntas se funde completamente en luz.

La sílaba HUNG (ཧཱུྃ) es la esencia de la mente de todos los Budas. Cuando irradiamos luz para hacer ofrendas a todos los seres Arya, estamos invocando las bendiciones de todos los Budas. Visualizar que la luz de estas bendiciones se disuelve en nosotros es una forma tántrica de fortalecer el poder de la práctica. A continuación, purificamos las negatividades y los oscurecimientos de todos los seres con esta misma luz, lo que constituye un método extraordinario para acumular méritos. Actividades como hacer ofrendas ilimitadas a los seres iluminados y purificar las negatividades y oscurecimientos de los seres sensibles son la base para alcanzar el rupakaya, el cuerpo de la forma de un Buda. Si no realizamos este tipo

— *Vajrasattva Yab-Yum* —
La pureza de la Naturaleza Búdica simbolizada por la unión del método y la sabiduría.

de acciones, nunca acumularemos el mérito suficiente para lograr la iluminación completa.

La luz se transforma instantáneamente en el Bhagavan Vajrasattva, de cuerpo blanco, una cara y dos brazos. En la mano derecha sostiene un vajra y en la izquierda una campana, mientras abraza a su consorte Vajratopa en la postura de unión Yab-Yum.

Las formas de Vajrasattva y Vajratopa en esta práctica son aspectos de la iluminación rupakaya, y representan todo el mérito que necesitamos acumular para poder beneficiar espontáneamente a los demás.

Vajrasattva tiene un cuerpo blanco radiante, juvenil, traslúcido, perfectamente proporcionado y atractivo, características que simbolizan la purificación de todas las negatividades y los oscurecimientos. En la práctica Vajrayana, atributos como el vajra y la campana son apoyos particulares que nos conectan con las cualidades de la iluminación. Estas conexiones se establecen con base en los principios de la interdependencia.

El vajra encarna la cualidad de ser indestructible como un diamante y representa la mente de Buda. La campana, engalanada con el rostro de un Buda y la inscripción de un mantra, representa el cuerpo y la palabra iluminados. El vajra es también el símbolo del gran gozo espontáneo y de cualidades espirituales masculinas como la compasión. Por su parte, la campana representa la forma vacía y cualidades espirituales femeninas tales como la sabiduría.

Aunque la práctica también funciona si visualizamos a Vajrasattva en solitario, es más efectivo visualizar a Vajrasattva junto a su consorte Vajratopa en un abrazo iluminado. Esta manifestación se conoce como Vajrasattva Yab-Yum, y expresa la unión de las cualidades masculinas y femeninas en la naturaleza última de la realidad.

Vajratopa es de color blanco, sostiene un cuchillo curvo en la mano derecha y un cáliz de cráneo en la izquierda. Ambos están adornados con ornamentos de hueso y joyas y están sentados respectivamente con

PURIFICACIÓN DE VAJRASATTVA

las piernas cruzadas en las posturas de vajra y loto.

El cuchillo curvo representa el método, es decir, la capacidad de cortar a través de la mente dualista, mientras que el cáliz de cráneo representa la sabiduría o la "extinción" del pensamiento dualista impuro. Tanto Vajrasattva como Vajratopa están adornados con cinco ropajes de seda y ocho ornamentos de joyas.

Los *cinco ropajes de seda* son: (1) un pañuelo alargado de seda azul estampada, (2) cinco adornos de colores que cuelgan de la corona, (3) una prenda superior de seda blanca, (4) una prenda inferior en forma de falda, y (5) mangas largas. Estas prendas simbolizan las cinco sabidurías.

Los *ocho ornamentos de joyas* son: (1) una corona, (2) pendientes, (3-5) un collar corto, uno mediano y uno largo, (6) adornos para los hombros, (7) brazaletes y (8) tobilleras. Dichos ornamentos representan las ocho conciencias puras.

Las piernas cruzadas en las posturas de vajra y loto simbolizan la indivisibilidad del samsara y el nirvana.

En la frente de los consortes Yab-Yum aparece la sílaba OM (ॐ). En la garganta, la sílaba AH (अः). En el corazón, la sílaba HUNG (हूं). Y en el ombligo, la sílaba HO (हो:).

Desde la sílaba HUNG (हूं) en el corazón de los consortes Yab-Yum, se irradia luz hacia las diez direcciones. El poder de purificación, las bendiciones y sabiduría primordial de todos los budas y bodhisattvas se irradia de vuelta en forma de néctar blanco.

Las sílabas OM, AH y HUNG ubicadas respectivamente en la frente, la garganta y el corazón, representan el cuerpo, la palabra y la mente indestructibles de Vajrasattva, mientras que la HO en el omblígo simboliza la sabiduría primordial indestructible. La luz que irradia hacia todos los budas y bodhisattvas reúne sus bendiciones y otorga al corazón de Vajrasattva el poder purificador de todos los budas (representado por Vajrasattva). Este poder adquiere la forma de un néctar luminoso, traslúcido y de un blanco brillante.

DZA (ཛཿ) HUNG (ཧཱུྃ) VAM (ཝཾ) HO (ཧོཿ)
El néctar se impregna de manera inseparable en Vajrasattva Yab-Yum.

La DZA atrae el néctar hacia la coronilla de Vajrasattva, la HUNG lo disuelve en Vajrasattva y la BAM hace que Vajrasattva Yab-Yum se impregnen por completo de él. Finalmente, al recitar HO, el néctar se vuelve completamente inseparable de Vajrasattva Yab-Yum. Al concluir esta visualización habremos generado el *poder del apoyo*.

Súplica de Purificación

Vajrasattva Yab-yum, por favor purifica y limpia todas las negatividades, oscurecimientos y transgresiones que yo y todos los seres hemos acumulado en el samsara desde tiempos sin principio.

Con Vajrasattva Yab-Yum como nuestros testigos, generaremos ahora el poder del arrepentimiento. En esta estrofa invocamos a Vajrasattva Yab-Yum para que nos ayuden a purificar y limpiar todas nuestras negatividades, oscurecimientos y transgresiones. Primero recordamos todas las acciones negativas, hábitos y energías perjudiciales de nuestro cuerpo, palabra y mente. Después, tras reconocer que estas acciones han sido dañinas para nosotros mismos y para los demás, desde el fondo de nuestro corazón le pedimos a Vajrasattva que nos ayude a purificarlas de nuestro continuo mental.

La Purificación en Sí

Tras haber realizado nuestra petición, imaginamos que el cuerpo de Vajrasattva y su consorte rebosan por completo de néctar, el cual emerge por todos los poros de su cuerpo, especialmente desde el punto de unión.

PURIFICACIÓN DE VAJRASATTVA

A continuación, el néctar desciende como una cascada o una lluvia ligera. Imaginamos que el néctar fluye por nuestro cuerpo y entra por la coronilla. A medida que desciende por nuestro cuerpo, imaginamos que todas las enfermedades, energías negativas y mentes afligidas se limpian y se expulsan a través de las aperturas inferiores de nuestro cuerpo, bajo la forma de un líquido negro y espeso compuesto de sangre y pus. Este líquido se disuelve en la tierra bajo nosotros.

Si es posible, también es bueno imaginar que la esfera del néctar purificador de Vajrasattva se extiende hacia todos los seres sensibles, purificándolos de la misma manera. Mantenemos esta visualización en la mente mientras recitamos el mantra largo de Vajrasattva:

OM SHRI VAJRA HERUKA SAMAYA MANUPALAYA / VAJRA HERUKA TENOPA TISHTHA / DRIDHO ME BHAVA / SUTOKAYO ME BHAVA / ANURAKTO ME BHAVA / SUPOKAYO ME BHAVA / SARVA SIDDHI MAME PRAYATSA / SARVA KARMA SU TSA ME / TSITAM SHRI YANG KURU HUNG / HA HA HA HA HO / BHAGAVAN VAJRA HERUKA MAME MUNTSA / HERUKA BHAVA MAHA SAMAYA SATTVA AH HUM PHET

Recitamos este mantra tantas veces como podamos, en función del tiempo disponible. El significado de este mantra se muestra a continuación:

El mantra nos conecta conanador divino de Vajrasattva y hace que el proceso de purificación resulte más eficaz que si solamente utilizáramos la visualización, eso siempre y cuando hayamos invocado los cuatro poderes y tengamos una buena concentración unipuntual.

Aunque ésta es la práctica esencial, también existen muchas otras opciones sobre las que centrar la atención durante la recitación del mantra. Por ejemplo, podemos optar por centrarnos en el significado del mantra, o en nuestro sentimiento de arrepentimiento y resolución, o en la forma de Vajrasattva Yab-Yum o en el flujo de néctar a través de nuestro cuerpo sutil.

EL TESORO OCULTO

Sanskrit	Significado
OM	Homenaje
SHRI VAJRA HERUKA	De acuerdo con la promesa sagrada del glorioso Vajrasattva colérico
MANUPALAYA VAJRA HERUKA TENOPA	Oh Vajrasattva, protege el Samaya
TISHTHA DRIDHO ME BHAVA	Permanece firme en mí
SUTOKAYO ME BHAVA	Concédeme la felicidad completa
ANURAKTO ME BHAVA	Sé amoroso conmigo
SUPOKAYO ME BHAVA	Crece dentro de mí (aumentando mi virtud)
SARVA SIDDHI MAME PRAYATSA	Bendíceme con todos los siddhis
SARVA KARMA SU TSA ME	Muéstrame todos los karmas
TSITTAM SHREYANG KURU	Haz que mi mente sea buena, virtuosa y auspiciosa
HUNG	La esencia de Vajrasattva (o sílaba semilla)
HA HA HA HA	Los cuatro inconmensurables, los cuatro empoderamientos, las cuatro alegrías y los cuatro kayas
HO	Exclamación de júbilo
BHAGAVAN	Oh Bendito, encarnación de todos los Budas
VAJRA HERUKA MA ME MUNTSA	Nunca me abandones
HERUKA BHAVA	Muéstrame la naturaleza vajra de las cinco sabidurías
MAHA SAMAYA SATTVA	Oh gran ser de sabiduría
AH HUNG PHET	Hazme uno contigo

Si todos estos detalles resultan abrumadores, lo más importante es recordar los cuatro poderes y simplemente tratar de sentir la presencia de Vajrasattva. Cuando el tiempo es limitado, también se puede utilizar una versión más corta del mantra:

OM VAJRASATTVA HUNG

Si bien este mantra corto es útil para purificar las acciones negativas de forma rápida, cuando nos centramos en la práctica de Vajrasattva como parte de los Preliminares de Kalachakra, hemos de dedicar las sesiones formales a acumular recitaciones del mantra largo. El objetivo es acumular al menos 100,000 recitaciones del mantra, lo que lleva normalmente unos tres meses cuando se realiza la práctica de forma intensiva. Otra alternativa es simplemente seguir practicando tanto tiempo como sea necesario hasta experimentar los signos de la purificación.

Confesión de Todas las Acciones Negativas

Una vez terminada la sesión, podemos finalizar generando el *poder de la resolución*. Esto se hace recitando las siguientes estrofas de confesión:

Gran protector, debido a la ignorancia y la confusión he ido en contra y he permitido que se degenere mi samaya. Compasivo Lama Vajrasattva Yab-Yum, por favor purifica mis negatividades y protégeme. En ti me refugio, supremo sostenedor del Vajra, tesoro de compasión y salvador de todos los seres.

En esta estrofa, estamos confesando todas las ocasiones en las que hemos roto nuestros compromisos o hemos dejado que se deterioraran debido a la ignorancia y la confusión, sin importar si hemos sido conscientes de ello o no. Esto se refiere principalmente a todos los votos o compromisos sagrados (samaya) que hemos recibido de un Maestro Vajra. Entre ellos se incluyen cosas como cultivar siempre el respeto y la devoción por nuestros maestros y mantener la percepción pura de nuestras experiencias. Aunque esta estrofa resulta de especial relevancia para los practicantes tántricos, en realidad se aplica a cualquier nivel de disciplina ética que estemos tratando de desarrollar, como los Votos del Bodhisattva o los preceptos de la Liberación Personal.

En la primera parte de la estrofa invocamos el poder del arrepentimiento, pensando intensamente en todas las negatividades que hemos acumulado. En la segunda parte, invocamos de nuevo el poder del apoyo cuando le hacemos una plegaria al compasivo Lama Vajrasattva y nos refugiamos en él. Al mismo tiempo, estamos aplicando el poder del remedio, ya que al recitar esta oración estamos creando una energía positiva que contrarrestará la negatividad de nuestras acciones anteriores.

Confieso y me arrepiento de todas mis faltas corporales, verbales y mentales, incluidas todas las transgresiones de mis votos raíz y secundarios. Por favor, bendíceme para purificar y limpiar todas las máculas, negatividades, oscurecimientos y transgresiones acumuladas a lo largo de la existencia cíclica sin principio.

De manera similar, en esta estrofa recordamos específicamente todas nuestras transgresiones de cuerpo, palabra y mente, así como todos nuestros incumplimientos de los votos raíz y secundarios. En el Tantra de Kalachakra hay catorce votos raíz y ocho votos secundarios. Sin embargo, para estar cualificados para mantener los votos tántricos, también debemos mantener lo mejor que podamos los votos del bodhisattva, que incluyen dieciocho votos raíz y cuarenta y seis votos secundarios.

Finalmente, recurrimos a Vajrasattva una vez más para que purifique y limpie todas las impurezas, negatividades, oscurecimientos y transgresiones que hemos acumulado a lo largo de la existencia cíclica sin principio. A través de vidas innumerables, hemos desarrollado muchos hábitos muy arraigados, y por eso nos apoyamos en Vajrasattva para que nos ayude a retirar y purificar todas estas capas de tendencias habituales: todas nuestras emociones negativas, acciones negativas y tendencias a romper promesas, así como los oscurecimientos intelectuales que nos impiden ver la verdad última. Llegados a este punto, invocamos el poder de la resolución y tomamos la firme decisión de no dejarnos dominar nunca más por estos hábitos negativos y de evitar cometer actos negativos, aún a costa de nuestra propia vida.

Disolución de la Visualización

Vajrasattva Yab-Yum me mira sonriente. Como si la luna se disolviera en mí, comienza a fundirse con alegría, disolviéndose en mí a través de la coronilla. El cuerpo, la palabra y la mente sagrados de Vajrasattva Yab-Yum se vuelven inseparables de mi propio cuerpo, palabra y mente, como vajras de sabiduría primordial.

Tras completar el nivel relativo de la práctica de purificación, Vajrasattva nos mira con una sonrisa, como diciendo "bien hecho". A continuación, se disuelve en nosotros, y se vuelve inseparable de nuestro cuerpo, palabra y mente. Nos damos cuenta de que, en el nivel último, Vajrasattva no es más que nuestra propia naturaleza búdica, y así reconocemos que nuestra mente siempre ha sido pura.

Cuando nos centramos en acumular recitaciones del mantra de Vajrasattva, es recomendable practicar disolver y reconstruir la visualización a intervalos regulares, por ejemplo, al final de cada mala. Esto nos recordará la naturaleza vacía de la visualización y evitará que nos aferremos a las apariencias, ya que observaremos la inseparabilidad entre Vajrasattva y nosotros una y otra vez.

Dedicación de la Virtud

Terminamos nuestra sesión con las siguientes estrofas de dedicación:

Que gracias al poder de esta virtud alcance rápidamente el estado iluminado de Vajrasattva Yab-Yum y conduzca a todos los seres, sin excepción, a este estado de pureza.

Que gracias al poder de esta virtud, todos los seres completemos las acumulaciones de mérito y sabiduría y que gracias a estos méritos y sabiduría alcance los dos kayas de la Iluminación para el beneficio de todos los seres.

Esta dedicación es parecida a la oración que recitamos al final de las prácticas anteriores. No obstante, esta vez hace hincapié en el aspecto de pureza de la Iluminación. Por esta razón aspiramos a alcanzar el estado de iluminación de Vajrasattva y también a conducir a todos los seres a este estado. Una vez que alcancen la iluminación habrán logrado los dos kayas del Buda: el dharmakaya, el cuerpo de la realidad de la iluminación y los cuerpos de la forma del rupakaya. Estos cuerpos son el resultado respectivo de la acumulación de sabiduría y de mérito.

CAPÍTULO SIETE

Ofrecimiento del Mandala

El propósito de la práctica del ofrecimiento de mandalas es acumular mérito por medio de realizar las ofrendas más extensas y vastas posibles, con la mejor motivación que podamos generar. Dirigimos estos ofrecimientos a los mejores destinatarios: las Tres Joyas supremas. Esta combinación de acción, motivación y soporte hacen del ofrecimiento de mandalas un método extraordinariamente eficaz para acumular grandes cantidades de mérito en un periodo de tiempo relativamente corto.

El mérito es la energía positiva que se genera cuando realizamos acciones virtuosas. Esta energía positiva acostumbra a nuestra mente a la virtud y, por lo tanto, sienta las bases para que la felicidad florezca en el futuro. Por ejemplo, si nos habituamos a la generosidad, crearemos las causas para gozar de una gran riqueza en el futuro; si nos habituamos a la paciencia, disfrutaremos de una bella apariencia; y si nos acostumbramos a esforzarnos por alcanzar la iluminación, el resultado será que contaremos con todas las condiciones y oportunidades necesarias que nos ayuden a progresar en el camino espiritual. El mérito es, por tanto, un componente crucial que nos ayuda a cultivar las cualidades virtuosas necesarias. En particular, aumenta nuestra capacidad para comprender correctamente el Dharma, nos ayuda a desarrollar entusiasmo por la práctica y nos da la fuerza necesaria para superar todos los obstáculos del camino.

La palabra "mandala" es un término sánscrito que hace referencia a una representación simbólica del universo. A diferencia de los mapas, que se centran sobre todo en las relaciones espaciales, los mandalas representan todo el espectro de nuestra experiencia mental. Este enfoque mucho más amplio les permite plasmar visualmente las múltiples dimensiones de nuestra experiencia. Aunque por lo general los mandalas se ven como pinturas bidimensionales, ésta no es la única forma que pueden adoptar. Se pueden construir mandalas con arena de colores o en tres dimensiones. El tipo de mandala que se utiliza en esta práctica se conoce como "ofrecimiento del mandala", ya que está diseñado específicamente para facilitar el proceso de ofrecimiento. Los mandalas de este tipo se construyen colocando varios montones de sustancias de ofrenda (como joyas, piedras o granos) en capas apiladas unas sobre otras. Cada capa consta de un anillo que actúa como contenedor de las ofrendas. Una vez que se llena una capa, se coloca otro anillo que se vuelve a llenar de ofrendas. Por último, la cima del montículo se corona con una joya que colma. En su forma más básica, el ofrecimiento del mandala puede realizarse utilizando las manos para crear el "mudra" del mandala, que no es más que un gesto simbólico.

Ofrenda del Mandala Tradicional

Las diversas sustancias que se ofrecen en el mandala representan todas las cosas preciosas que podemos experimentar en este mundo. Como fuentes infinitas de alegría y felicidad, son ofrendas dignas para los seres iluminados e incluyen todo lo que es posible imaginar, ya sea físico o mental. Por ejemplo, podemos ofrecer campos de flores hermosas, así como los potenciales kármicos positivos que hayamos generado en nuestras mentes, ya que estos también son la base de la alegría y la felicidad.

Estas sustancias se ofrecen al campo de Refugio, que incluye todos los soportes que nos apoyan para alcanzar la iluminación: los Lamas, los budas y los bodhisattvas, entre otros. Les hacemos ofrecimientos no porque los necesiten, sino porque representan las cualidades iluminadas que aspiramos a alcanzar. Al mostrarles reverencia y ofrecerles todo lo que experimentamos, establecemos una poderosa conexión kármica con ellos que funciona como base para que sus cualidades despierten en nosotros.

El último paso del ofrecimiento del mandala es recordar por qué estamos realizando esta ofrenda. No tratamos de acumular méritos para nuestro propio beneficio. Queremos acumular méritos para alcanzar la iluminación y beneficiar a todos los seres sensibles. En otras palabras, realizamos el ofrecimiento con la motivación de la bodhicitta. Como los seres sensibles son ilimitados, cualquier ofrenda que se haga en su nombre generará méritos ilimitados. Es por eso que la ofrenda es tan extensa y eficaz.

LA PRÁCTICA DEL OFRECIMIENTO DEL MANDALA CON COMENTARIO

A continuación describiremos la práctica del ofrecimiento del mandala de acuerdo con la tradición Jonang. Como en cualquier práctica budista Mahayana, primero debemos tomar refugio y luego generar la aspiración de alcanzar la iluminación en beneficio de todos los seres.

Visualización

Visualiza que en el espacio frente a ti se encuentra tu Lama raíz en la forma de Vajradhara azul. Está rodeado por las Tres Joyas, las deidades yidam y las dakinis. Todos ellos aparecen con un aspecto magnífico y libre de elaboraciones.

El primer paso es establecer la visualización del campo de Refugio, tal y como se describió anteriormente en la práctica de Refugio. Primero dedicamos un tiempo para dejar que nuestra mente repose en un estado vasto y receptivo y, a continuación, dejamos que los detalles de la visualización emerjan desde este espacio. Lo esencial es sentir la presencia de los distintos objetos de refugio. Esa sensación es la que nos permite conectar con las cualidades iluminadas que representan.

Invocación al Campo de Mérito

Gracias a tu bondad, la naturaleza del gran gozo, se manifiesta por completo en un solo instante. Lama precioso, cuyo cuerpo es como una joya, Vajradhara, ante tus pies de loto me inclino.

Una vez desarrollada nuestra visualización, recitamos una serie de estrofas destinadas a generar devoción hacia el campo del mérito, que será el destinatario de nuestras ofrendas. Este campo está personificado por el Lama semejante a una joya, quien es nuestro vínculo humano con la iluminación y representa simultáneamente a las Tres Joyas. Recordamos especialmente la increíble bondad que nuestro Lama nos muestra al enseñarnos y guiarnos a lo largo de nuestro viaje espiritual. Los Budas no pueden guiarnos directamente debido a nuestra falta de méritos, pero lo hacen a través del Lama. Es por esta razón que se considera al Lama como alguien más bondadoso que todos los Budas. Pensar en el Lama de esta manera puede conducirnos a realizaciones espirituales increíbles, tales como alcanzar en un solo instante la experiencia del gran gozo que trasciende la mente conceptual ordinaria. Aunque hablemos del Lama en forma singular, siempre debemos recordar que representa a todos nuestros maestros, ya sean hombres o mujeres. Es la encarnación unificada de todos aquellos que nos han beneficiado en nuestro viaje hacia la iluminación.

Inclinarse ante los pies de loto del Lama es una forma poética de decir que cada parte del cuerpo del Lama posee una gran belleza, a la vez que hace referencia a la flor de loto sobre la que tradicionalmente se sienta el Lama en las visualizaciones. En las culturas budistas, se considera un gran honor tocar el extremo más bajo del cuerpo del Lama (los pies) con el extremo más alto del propio cuerpo (la cabeza). En esta estrofa nos referimos al Lama como Vajradhara porque su cuerpo iluminado es

OFRECIMIENTO DEL MANDALA

indestructible y representa el dharmakaya, el cuerpo de la realidad de la iluminación.

La luz de tu verdad iluminada disipa mi oscuridad. Eres el ojo de la sabiduría intachable, Lama semejante al sol del gran gozo inmutable, ante ti, por quien mi gratitud es incomparable, rindo homenaje.

Según el budismo Vajrayana, nuestro progreso espiritual depende de nuestra capacidad para mostrar gratitud y aprecio por nuestro Lama y la luz de su "verdad iluminada", que es la verdad que descubrimos al practicar el Dharma que enseña. El "ojo de sabiduría intachable" se refiere a la capacidad del Lama para ver y señalar nuestras debilidades ocultas, mientras que "semejante al sol" significa que el Lama es como una fuente de luz radiante que nos permite ver todo lo que nos rodea.

Eres nuestra madre y nuestro padre, el maestro de todos los seres, y también nuestro buen amigo, cercano y noble. Eres el protector que beneficia a todos los seres y los despoja de sus negatividades. Resides exclusivamente en el estado de excelencia y eres la única morada de todas las cualidades supremas, pues tú mismo has destruido todas las faltas. Protector de los desvalidos, supremo conquistador de la estimación propia y el sufrimiento, fuente de toda riqueza, joya que colma los deseos, supremo y victorioso Señor del Dharma, en ti me refugio.

El maestro de Dharma es como nuestros padres en un sentido espiritual: es como una "madre" porque nos proporciona amor y alimento espiritual; y es como un "padre" porque nos guía y protege en nuestro viaje espiritual. Es el "maestro de todos los seres", ya que no discrimina a quién guiará hacia la iluminación y acepta a todos los seres sin importar su casta, raza o posición social. Como un "noble amigo", comparte el precioso Dharma con nosotros y nos proporciona un amor y un apoyo incondicionales, cuidándonos hasta que alcancemos la iluminación. Además, nos protege de los sufrimientos del samsara y nos rescata mostrándonos cómo alcanzar las cualidades iluminadas.

Asimismo, el maestro de Dharma nos "despoja de nuestras negatividades" al enseñarnos a superar todas las negatividades, y sólo si seguimos sus enseñanzas podremos alcanzar las "cualidades supremas" de la Budeidad. Como manifestación de los Budas en forma humana, el Lama es también el "protector de los desvalidos" que actúa en beneficio de todos los seres sensibles y es el supremo conquistador de la estimación propia y el sufrimiento, pues ha alcanzado la iluminación por el bien de todos los seres. Por último, se le describe como una "joya que colma los deseos" ya que es capaz de manifestar ilimitadas cualidades iluminadas en beneficio de sus seguidores.

Glorioso e inmaculado Lama Raíz, supremo victorioso Señor del Dharma, preciosa encarnación de los Budas de los tres tiempos, en ti me refugio.

Si así lo deseamos, podemos recitar sólo esta estrofa en lugar de las anteriores, recordando que el refugio en las Tres Joyas es la base de toda práctica del Dharma. Aquí, refugiarse en el Lama equivale a refugiarse en las Tres Joyas, ya que se considera al Lama como la encarnación de los Budas de los tres tiempos: pasado, presente y futuro. Todos los Budas del pasado alcanzaron la iluminación en dependencia de sus maestros de Dharma; todos los Budas del presente se manifiestan en forma de maestros de Dharma; y todos los Budas del futuro recibirán formación de maestros de Dharma. Esta es la razón por la que consideramos como sagrado e inmaculado al Lama que nos enseña el precioso Dharma.

Ofrecimiento del Mandala de Extensión Media

OM VAJRA BHUMI AH HUNG
La base es la tierra dorada, poderosa y completamente pura.

Ahora comenzamos con la práctica del ofrecimiento del mandala de extensión media, exclusiva de la Tradición Jonang. Esta práctica consiste en

OFRECIMIENTO DEL MANDALA

colocar nueve montones de arroz o joyas en un plato, lo que representa el universo que se ofrece al campo de refugio. Esta versión es mucho más breve que el ofrecimiento tradicional del mandala largo, que consiste en treinta y siete elementos de ofrenda.

Con el mantra "OM VAJRA BHUMI AH HUNG" comenzamos a armar el mandala con la creación de una base, la tierra dorada, poderosa y completamente pura, sobre la cual podemos construir una imagen física y mental del universo. Para representar esta base empleamos un plato circular. Antes de proceder con el ofrecimiento, debemos frotar la superficie con la muñeca unas cuantas veces en el sentido de las agujas del reloj.

OM significa "perfecto" o "excelente", y se utiliza al comienzo de cualquier actividad para guiarnos hacia la perfección. VAJRA significa "indestructible". BHUMI significa "tierra, suelo o base". AH significa "origen fundamental" o "vacío". HUNG significa "esencial" o "plenitud". En conjunto, este mantra nos conduce a la excelencia y la gloria en cualquier actividad y nos ayuda a alcanzar la iluminación.

El modelo del universo que utilizamos aquí es un poco diferente del modelo científico convencional. Según el Tantra de Kalachakra, el universo se formó cuando los cuatro grandes elementos se unieron en concordancia con el karma colectivo de los seres. Del espacio surgió primero el elemento viento de color negro, seguido del elemento fuego de color rojo, el elemento agua de color blanco y, por último, el elemento tierra de color amarillo. Cada uno de estos elementos está representado por discos concéntricos de diámetro cada vez menor, apilados unos sobre otros. El plato circular simboliza esta base de los elementos.

OM VAJRA REKHE AH HUNG

El universo está rodeado por esta cerca de hierro formada por montañas. En el centro se sitúa el monte Meru, el rey de las montañas.

Con este mantra visualizamos que el gran Monte Meru aparece en el centro del disco de tierra dorada, rodeado por una gran valla de montañas de hierro o una cordillera en el perímetro que representa el límite exterior

EL TESORO OCULTO

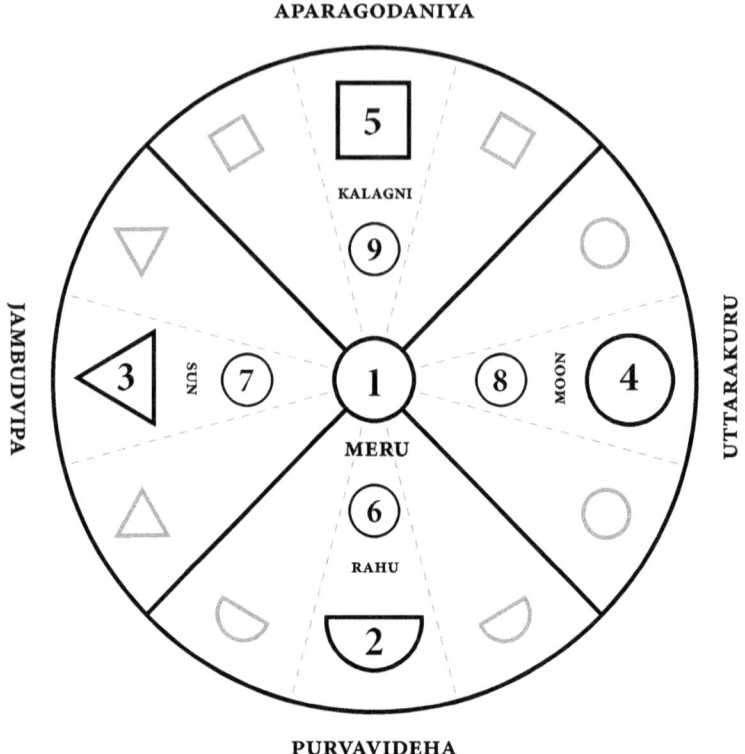

La Ofrenda del Mandala de los Nueve Montones de acuerdo a la Cosmología de Kalachakra

del universo o sistema de mundos. El Monte Meru tiene forma circular y en su cumbre se encuentran cinco cimas. Cada una de estas características representa diferentes aspectos de nuestro universo que experimentan diferentes seres sensibles; por ejemplo, la base del Monte Meru representa los reinos de experiencia burda de los seres sintientes, mientras que los niveles superiores representan reinos de experiencia cada vez más sutiles.

Mientras elaboramos esta visualización en nuestra mente, debemos tomar el anillo más grande de nuestro juego de mandala y colocarlo encima del plato circular. Luego tomamos un puñado de ofrendas (por ejemplo, arroz, piedras o joyas) y colocamos un montón en el centro del plato para simbolizar el Monte Meru.

*Al este se encuentra Purvavideha, al sur Jambudvipa,
al norte Uttarakuru y al oeste Aparagodaniya.*

Estos son los cuatro continentes que rodean al Monte Meru. Al este está Purvavideha (que significa "gran prosperidad física"), con tres islas en forma de círculo. Al sur está Jambudvipa ("lugar del sonido Dzam", parecido al sonido de las hojas de los árboles al caer al océano), con tres islas de forma triangular. Se dice que aquí es donde se encuentra nuestro reino de experiencia. Al norte está Uttarakuru (que significa "noticias ocultas y sonidos desagradables"), con tres islas semicirculares. Por último, al oeste está Aparagodaniya (que significa "gran prosperidad material"), con tres islas cuadradas. Es fundamental comprender que estos "continentes" e "islas" no son una representación geográfica de masas de tierra física. Más bien representan diferentes reinos de experiencia que existen en distintos niveles de sutileza. El mundo tal y como lo conocemos, tal y como lo concibe la ciencia moderna, es simplemente la descripción de una isla dentro del continente de Jambudvipa. Cuando nos damos cuenta de que nuestro universo es sólo una pequeña parte de un universo multidimensional mucho mayor, comenzamos a ver cuán amplia puede ser en realidad la cosmología budista.

A medida que vayamos incorporando detalles a nuestras visualizaciones, hemos de colocar cuatro montones de ofrendas en las cuatro direcciones, siguiendo el orden en que se mencionan en el texto. Cuando utilizamos los mandalas para hacer ofrendas, se considera que la dirección Este se encuentra en el borde del plato más cercano a nosotros. Por lo tanto, aquí colocamos una pila para el este; luego una para el sur (en el lado izquierdo del plato); una para el norte (en el lado derecho del plato) y, por último, una para el oeste (en el lado más alejado del plato).

Rahu, el Sol, la Luna y Kalagni; en el centro, todas las maravillosas posesiones de dioses y humanos, completas y sin que les falte nada.

El foco de atención se centra ahora en todos los cuerpos celestes que conforman nuestro universo tal y como lo conocemos. En la cosmología descrita en el Tantra de Kalachakra, se incluyen el Sol, la Luna y dos "planetas" conocidos como Rahu y Kalagni. El movimiento de estos cuatro cuerpos desempeña un papel fundamental en los ciclos temporales que experimentamos como seres sensibles. Dado que influyen en nuestra mente, todos ellos tienen un profundo significado espiritual y astrológico. El planeta Rahu (representado por un disco negro) corresponde a la aparición de eclipses lunares y se asocia con el nodo norte de la Luna. El planeta Kalagni (representado por un disco amarillo) remite a la aparición de eclipses solares y se asocia con el nodo sur de la Luna. Agregamos cuatro montones de ofrendas para representar a cada uno de los cuatro planetas.

Aunque es bueno conocer la cosmología tradicional y visualizar el universo de este modo, también podemos ser creativos con esta práctica y traer a la mente todo lo que es agradable en el mundo de los humanos y los dioses, incluidos lagos, bosques, montañas, palacios, joyas y obras de arte. También podemos ofrecer Asia, Europa, África, Norte y Sudamérica, los parques nacionales, las cascadas, dinero, alfombras voladoras, teléfonos móviles, bancos e incluso objetos de nuestra mente, como cualidades virtuosas y logros espirituales. Con cada objeto de ofrecimiento que se nos ocurra, añadimos un montón de ofrendas al mandala hasta que el primer anillo esté completamente lleno. Recordemos que cualquier cosa que percibamos como bella o valiosa es un objeto digno de ofrecimiento. No hay que pensar que sólo podemos ofrecer cosas que poseemos físicamente. Todas nuestras experiencias nos pertenecen y, por lo tanto, eso es lo que ofrecemos, no los objetos en sí.

Toda esta riqueza la ofrezco con gran devoción a los Señores del Dharma, mis inmaculados Lamas raíz y del linaje, al mandala de yidams, a las asamblaeas de budas, bodhisattvas, pratyekas y shravakas, así como a

OFRECIMIENTO DEL MANDALA

las dakinis, protectores del Dharma y guardianes que todo lo ven con su ojo de la sabiduría.

A continuación, colocamos el segundo de los anillos sobre el primero y, mientras generamos mentalmente diversos objetos de ofrenda, vamos agregando más montones de ofrendas al mandala. El movimiento del arroz se asemeja al surgimiento y disolución de los pensamientos en rápida sucesión. Podemos imaginar que, con cada montón, estamos ofreciendo más y más de nuestras experiencias. Continuamos así hasta llenar por completo el segundo anillo.

Después, colocamos el tercer anillo encima del segundo, imaginando que con cada montón ofrecemos el nivel más sutil de nuestra experiencia. Esto incluye todos los potenciales kármicos virtuosos que hemos acumulado desde tiempos sin principio y todas las cualidades virtuosas que hemos desarrollado. Ofrecemos lo mejor de nosotros como personas.

Una vez que el último anillo esté completamente lleno, colocamos la joya que colma los deseos en la parte superior para representar el logro de la iluminación plena y completa. Pensamos en los beneficios ilimitados que aportaremos a los seres sensibles en el futuro y ofrecemos esta virtud como parte del mandala. Una vez que el conjunto del mandala esté completamente lleno, como un gesto de ofrenda de toda su riqueza, hemos de elevarlo con gran devoción al campo de refugio, al inmaculado Lama raíz y a los Lamas del linaje y demás figuras.

Con compasión, acepten este mandala por el bien de todos los seres. Tras aceptar esta ofrenda, ¡concédanme sus bendiciones!

Tras realizar esta ofrenda, solicitamos al campo de refugio que acepte este mandala. Como la compasión de los Budas es ilimitada, sus bendiciones aflorarán naturalmente en nosotros cuando hagamos la ofrenda. Nuestra ofrenda del universo debe incluir también el mérito acumulado por todos los seres sensibles y todos los seres iluminados. Realizar el ofrecimiento de este modo aumenta el mérito de todos los seres para que puedan alcanzar la iluminación y, por lo tanto, realizamos esta ofrenda por el bien de todos los seres.

El cuerpo, palabra y mente, la riqueza y virtudes de los tres tiempos, míos y de los demás, este excelente y precioso mandala, junto con la colección de ofrendas de Samantabhadra, tanto reales como visualizadas, lo ofrezco a mi Lama y a las Tres Joyas. Por favor acéptenlo con su gran compasión y concédanme sus bendiciones.

La riqueza y virtudes de los tres tiempos se refiere a los méritos que hemos acumulado con el cuerpo, la palabra y la mente desde tiempos sin principio, así como a los méritos de ahora y los que seguiremos generando en el futuro hasta que alcancemos la budeidad. Como en la estrofa anterior, estamos solicitando al campo de refugio, encarnado por el Lama y las Tres Joyas, que acepte nuestra ofrenda y bendiga nuestro continuo mental, fortaleciendo así nuestra práctica espiritual.

Esta es la última estrofa del ofrecimiento del mandala de extensión media. Si lo deseamos, podemos contar acumulaciones repitiendo estas estrofas una y otra vez. Sin embargo, cuando nos centramos en las acumulaciones, es más común utilizar la ofrenda breve de nueve montones que se explica a continuación.

Ofrecimiento Breve del Mandala

Esta base, ungida con perfume, cubierta de flores, adornada con el Monte Meru, los Cuatro Continentes, el Sol y la Luna, la imagino como un campo de buda y la ofrezco. ¡Que todos los seres disfruten de esta tierra pura!

Esta versión corta del ofrecimiento del mandala se utiliza generalmente para las acumulaciones, aunque es bueno si podemos recitar previamente la versión de extensión media. Sólo necesitamos la base del conjunto del mandala o un plato para los nueve montones de ofrendas.

OFRECIMIENTO DEL MANDALA

Primero limpiamos el plato de ofrecimiento con la muñeca en el sentido de las agujas del reloj y, si lo deseamos, salpicamos el plato con agua perfumada. Esto simboliza la purificación de la tierra o que está ungida con perfume y cubierta de flores. A continuación colocamos un montón de arroz en el centro, que simboliza el Monte Meru, seguido de un montón delante, otro a la izquierda, otro a la derecha y otro detrás. Estos cuatro últimos montones representan los cuatro cuadrantes del universo o los cuatro continentes. Luego terminamos con cuatro montones más: uno entre el montón de delante y el del centro, uno entre el montón de la izquierda y el del centro, uno entre el montón de la derecha y el del centro, y uno entre el montón de detrás y el del centro. Estos representan el planeta Rahu, Sol, Luna y el planeta Kalagni, respectivamente.

La visualización es similar a la descrita en la práctica anterior. En este sentido, la base del mandala de ofrecimiento está hecha de un material dorado y ungida con perfume, lo que representa la gran variedad de perfumes naturales, plantas y flores de esta tierra. A continuación, visualizamos todo tipo de cosas agradables, como joyas, cristales, flores, hierbas y granos, así como el Sol, la Luna, los ríos, los lagos, los minerales, las criaturas de todas las formas y tamaños y otros objetos de belleza natural. Por último, visualizamos que toda esta ofrenda se transforma en un campo búdico, una tierra pura habitada por seres iluminados con magníficos árboles, palacios y seres especiales, similar a la de la práctica del refugio. Como este campo de Buda tiene el poder de beneficiar a los seres de formas ilimitadas, lo ofrecemos para que todos los seres lo disfruten. Para establecer una conexión especialmente auspiciosa, podemos recordar las características del Reino Sublime de Shambala e imaginar que todos los seres tienen la fortuna de nacer allí.

GURU IDAM RATNA MANDALA KAM NIRYA TAYAMI
(Realiza el ofrecimiento del mandala por medio de esta recitación.)

Después de cada recitación de la oración, pronunciamos este mantra de ofrecimiento e imaginamos que el mandala visualizado se disuelve en nosotros. Reposamos un momento en la conciencia de la naturaleza última de los ofrecimientos que hemos hecho. A continuación, limpiamos rápidamente el plato de ofrendas y recitamos de nuevo la oración mientras colocamos los nueve montones de arroz en el plato para la siguiente ofrenda.

Cuando la acumulación de méritos es el objetivo principal de nuestra práctica, repetimos este proceso con rapidez. La forma más breve es simplemente repetir el mantra a la vez que creamos y disolvemos el mandala. Si practicamos de esta manera condensada, es importante que siempre seamos conscientes del significado de la práctica. No debemos permitir que degenere en un ritual sin sentido. También podemos alternar este ofrecimiento breve con una versión más larga, por ejemplo haciendo un ofrecimiento de extensión media después de hacer veintiún ofrecimientos cortos.

— *Kyabje Lama Lobsang Trinle* —
Renombrado Abad del Monasterio Tashi Chötang y Maestro Vajra de Kalachakra

CAPÍTULO OCHO

Yoga del Guru Fundamental

El propósito del Yoga del Guru, la quinta práctica preliminar de Kalachakra, es unificar nuestra mente con la mente sagrada de nuestro maestro. En un nivel relativo, llevamos a cabo todo tipo de oraciones y súplicas para abrir nuestra mente y nuestro corazón a las bendiciones del Lama y generar una gran devoción. En un nivel último, aprendemos a reconocer que el Lama definitivo no es otro que nuestra propia mente de sabiduría. Esto significa que el Lama no sólo es una persona importante en nuestra vida, sino que es nuestro camino personal hacia la iluminación. Como no podemos recibir una guía directa de seres iluminados, necesitamos confiarnos a una forma humana que nos vincule con la sabiduría iluminada de Buda. Este maestro externo es la persona a la que le pedimos que nos ayude a desmantelar nuestro ego. Este proceso de disolución conduce al descubrimiento del maestro interior, nuestra propia sabiduría iluminada. La práctica del Yoga del Guru es absolutamente esencial si deseamos seguir el camino tántrico hacia la iluminación, ya que las bendiciones del Lama son las que nos permiten desarrollar la percepción pura y abrir la puerta a todas las demás realizaciones tántricas.

Si tenemos una mente escéptica es posible que desconfiemos de la idea de la devoción al Guru: puede parecer algo inventado, teísta o antidemocrático. En un nivel básico, el budismo se basa en una lógica sólida y en métodos prácticos que todo el mundo puede poner a prueba fácilmente. Es algo parecido a un buen manual para aprender a conducir un coche. Sin embargo, prácticas como la devoción al Guru y el Yoga del Guru van más allá de este nivel básico del budismo y se parecen mucho más a los consejos personales que nos puede ofrecer el instructor de la escuela de manejo. Estos consejos nos aportan conocimientos esenciales que se derivan de la experiencia de generaciones de maestros del linaje. Esta es la sabiduría en la que nos confiamos para practicar de forma efectiva.

Cuando recitamos las súplicas de la práctica del Yoga del Guru, no se trata simplemente de tener una devoción ciega: estas estrofas están diseñadas para ayudarnos a penetrar profundamente en nuestro continuo mental y conducirnos a una comprensión de la verdad más allá de todas las palabras y conceptos. Hemos de recordar que la verdadera devoción al Guru no es algo teísta o dictatorial, sino más bien una forma de honrar el acuerdo mutuo que existe entre nosotros y nuestro maestro para esforzarnos por alcanzar la iluminación.

Se dice que las bendiciones que recibimos del Lama se corresponden con nuestra actitud hacia él. Por ejemplo, podemos verlo como un hombre muy compasivo, un noble Arhat o un Buda completamente iluminado. Estas actitudes generarían las bendiciones de un hombre compasivo, las bendiciones de un Arhat y las bendiciones de un Buda, respectivamente.

En el camino tántrico nos dedicamos a desarrollar la percepción pura que ve a nuestro Lama como inseparable del Buda. Empezamos centrándonos en las cualidades externas del Guru para inspirar la mente, y luego nos centramos en la realidad interna del Guru como inseparable de la naturaleza búdica. Por último, reconocemos que nuestra propia naturaleza búdica es inseparable de la naturaleza búdica del Guru y, por lo tanto, no hay ningún Guru "allá afuera", separado de nosotros. En esencia, esta es la transformación que propicia el Yoga del Guru. En este momento sentimos como si nosotros estuviéramos aquí, mientras que la naturaleza búdica está en otra parte. Al trabajar con el Guru, creamos un puente que nos conecta con nuestra naturaleza interior y nos ayuda a desbloquear su capacidad ilimitada.

PRÁCTICA DEL YOGA DEL GURU CON COMENTARIO

La siguiente práctica es el primero de los tres Yogas del Guru que se practican habitualmente en la tradición Jonang. Cada práctica enfatiza una conexión ligeramente diferente para ayudarnos a fortalecer nuestro vínculo con los maestros del linaje. En esta práctica, el Yoga del Guru Fundamental, la atención se centra en el Lama Raíz como un ser inseparable de Vajradhara. Los otros dos Yogas del Guru (que se presentan al final del libro) se centran en los dos maestros de linaje más importantes de la tradición: Kunkyen Dolpopa Sherab Gyaltsen y Jetsun Taranatha. Todos los Yogas del Guru utilizan la misma estructura básica: establecer la visualización, hacer súplicas al Lama (y a los demás objetos de refugio), recibir los cuatro empoderamientos y, finalmente, fusionar nuestra mente con la mente de sabiduría del Lama.

Visualización

Visualízate en un magnífico y vasto palacio en el centro de un reino puro. Tu maestro vajra aparece frente a ti, en el centro del palacio, como el Señor Vajradhara. Está sentado sobre un loto, con discos de sol, luna, Rahu y Kalagni que se apilan sobre un trono de leones.

Tu maestro vajra tiene un cuerpo de color azul, con un rostro y dos brazos, sosteniendo un vajra y una campana cruzados a la altura del corazón. Sus piernas están en postura de loto completo. Adornado con vestimentas de seda y ornamentos de joyas, con todas las marcas y signos, su cuerpo es radiante y luminoso. Te sonríe complacido.

El Señor Vajradhara está rodeado por las deidades de las cuatro clases de Tantra, todos los Lamas de linaje y toda la asamblea de deidades yidam, budas, bodhisattvas, shravakas, pratyekas, dakinis y protectores del Dharma. Ten la seguridad de que todos ellos están realmente presentes.

Guru Vajradhara

La práctica del Yoga del Guru comienza invocando a nuestro Lama, el maestro vajra, en la forma divina del Señor Vajradhara, la encarnación de todos los maestros del linaje, Budas, bodhisattvas y demás. Al igual que en la práctica del refugio, consideramos que todas las apariencias se disuelven en la vacuidad, de donde surge un reino puro con un palacio vasto y magnífico, como el reflejo de la luna llena sobre un lago. El Lama aparece entonces en el espacio frente a nosotros como el Buda primordial Vajradhara sobre un trono de león, discos de loto, Sol, Luna, Rahu y Kalagni, y nos mira afectuosamente, indicando nuestra estrecha conexión personal con él. Los detalles de la conformación de la asamblea y el significado de los diversos tipos de seres iluminados se describen en la sección dedicada al refugio. A diferencia de la asamblea en la visualización del refugio, en esta práctica el campo de seres iluminados se reúne como una multitud que rodea a nuestro Lama Raíz.

Nuestra visualización debe ser clara, vívida y dinámica, pero al mismo tiempo aparecer como un reflejo, ya que ninguno de los objetos visualizados tiene una naturaleza externa realmente existente. Si nos resultan conocidas, también puede ayudarnos recordar algunas de las historias de los grandes maestros del linaje para hacer que esto cobre vida. Como en cualquier práctica de visualización, hemos de intentar visualizar los objetos lo mejor posible. Sin embargo, los detalles no son tan importantes como la sensación de la práctica o el significado que hay detrás de ella.

Una vez visualizado el campo de la asamblea, realiza extensas ofrendas, tanto reales como visualizadas. Cuando comiences a practicar, debes tener fe y convicción en que posees naturaleza búdica y que ésta puede revelarse gracias a la devoción sincera e inquebrantable hacia tu inmaculado Lama Raíz.

Una vez visualizado el campo de méritos, imaginamos que presentamos grandes ofrendas a Lama Vajradhara y a sus acompañantes iluminados. También podemos hacer ofrendas reales al Lama, por ejemplo, colocando objetos preciosos frente al altar. En un plano más práctico, podemos comprometernos a ofrecer al Lama nuestro tiempo, servicios, apoyo económico u otro tipo de ayuda en la medida de nuestras posibilidades.

Al comenzar la práctica hemos de tener una devoción sincera e inamovible, que es la completa confianza en la verdad del camino que estamos siguiendo, al estar convencidos de que poseemos una naturaleza búdica y que es definitivamente posible revelarla. En esencia, la fe es confiar en el proceso de causa y efecto. Del mismo modo que nos sentimos seguros para preparar un pastel si contamos con todos los ingredientes necesarios, también podemos sentirnos seguros en el camino de la iluminación si reunimos ciertas condiciones. Estas condiciones incluyen la renuncia, la compasión, la devoción y, sobre todo, saber que poseemos la naturaleza búdica.

Oraciones a los Maestros del Linaje

Bondadoso y precioso Lama Raíz, todo lo bueno y virtuoso del samsara y el nirvana ha surgido de tu iluminado poder compasivo. ante ti protector, fuente que colma todos los deseos, elevo estas súplicas.

Según el budismo Vajrayana, nuestro bondadoso y precioso Lama raíz, cuya naturaleza es inseparable de la de todos los budas, es la fuente de todo lo virtuoso, bueno y benéfico concebible. Aunque en sabiduría es igual a los grandes Budas, su bondad supera a la de los Budas al aparecer ante nosotros en este momento. Él es quien realmente se manifiesta en nuestras vidas. Recordando su gran bondad, incluyendo todas las circunstancias en las que sus enseñanzas nos ayudaron y todos los pequeños actos de bondad y compasión que podamos rememorar, hemos de rezarle desde lo más profundo de nuestro corazón. Al hacerlo, en realidad estamos invocando el aspecto de sabiduría de nuestra propia mente.

El cuerpo de la verdad, el gran gozo omnipresente,
el perfecto buda primordial Vajradhara que mora en Akanishta.
El cuerpo de deleite, Kalachakra, y el cuerpo de emanación,
Buda Shakyamuni, el más elevado de los Shakyas.
Ante ti, Lama que encarna los cuatro kayas de Buda, elevo
estas súplicas.

El linaje que el Lama Raíz encarna comienza con el Buda primordial Vajradhara, cuya forma representa el dharmakaya, el omnipresente cuerpo de la realidad de la iluminación que es inmutable y está más allá de la forma. Akanishta significa literalmente "lo más elevado" y, en este caso, se refiere a la esfera iluminada del dharmakaya del Buda, el reino de Vajradhara. Kalachakra representa el sambhogakaya, el cuerpo de deleite de la iluminación, mientras que Buda Shakyamuni representa el cuerpo de emanación, que en conjunto es el despliegue compasivo de la energía iluminada por el bien de los demás. Elevamos nuestras plegarias al Lama que encarna los cuatro kayas de Buda, que incluyen los tres kayas anteriores, así como el svabhavikakaya, que es la unión de estos tres.

Los Treinta y cinco Reyes de Shambala, emanaciones de los victoriosos, los dos Kalachakrapadas, el Mayor y el Menor, y los dos eruditos insuperables, Nalendrapa y Somonatha. Ante los reyes del Dharma, los traductores y panditas, elevo estas súplicas.

Esta estrofa nos conecta con algunos de los maestros más importantes del linaje Jonang Shambhala. Los Reyes del Dharma, los traductores y los panditas incluyen: los Treinta y Cinco Reyes del Dharma que fueron responsables de preservar las enseñanzas de Kalachakra en Shambala; los dos Kalachakrapadas, que introdujeron las enseñanzas de Kalachakra en el mundo humano; y los dos grandes eruditos de Nalanda que propagaron ampliamente las enseñanzas de Kalachakra, Nalendrapa y Somanatha.

*Refugio de todos los seres, Konchoksang,
Gran y consumado meditador, Droton Namseg
Gran Mahasiddha Drupchen Yumo Chöki Rachen, gran trompetista del Dharma.
Ante ustedes tres, Lamas que alcanzaron los siddhis supremos, elevo estas súplicas.*

Ahora comenzamos a invocar a los Lamas del linaje en grupos de tres, en un orden cronológico aproximado, a la vez que recordamos sus cualidades distintivas. Los siddhis supremos se refieren a los logros espirituales extraordinarios. Konchoksang, también conocido como Lama Lhaje Gompa, fue un gran nagpa (practicante tántrico laico) que difundió ampliamente las enseñanzas de Kalachakra. Se dice que Droton Namseg, también un nagpa, desarrolló una conexión directa con muchas deidades iluminadas mediante una práctica de meditación excepcional. Drupchen Yumo Chöki Rachen fue un monje de ordenación completa famoso por sus extraordinarios poderes espirituales, ampliamente reconocido como un gran mahasiddha.

Nirmanakaya Dharmeshvara Sechok, el hijo supremo,
Erudito intachable del Dharma, Khepa Namkha Oser,
Maestro de los poderes mágicos y la clarividencia, Semochen.
Ante ustedes tres, refugios y protectores maravillosos, elevo
estas súplicas.

Sechok Dharmeshvara, hijo de Drupchen Yumo, fue venerado como una emanación de Manjushri. Khepa Namkha Öser fue un extraordinario e impecable erudito y gran yogui tántrico, experto en la obra de Asanga así como en el Tantra de Kalachakra. Semochen logró rápidamente realizaciones tras practicar los Seis Yogas Vajra, y así obtuvo clarividencia y otras habilidades sobrenaturales.

Disipador de la oscuridad de los seres, Jamsar Sherab,
El omnisciente, Kunkhyen Chöku Öser,
Consumado en el gozo inmutable, Kunphang Thukje Tsundu.
Ante ustedes tres, supremos guías que conducen a lo absoluto, elevo
estas súplicas.

Jamsar Sherab (también conocido como Chöje Jamyang Sarma) fue un maestro altamente realizado que se curó de la lepra gracias a una extensa práctica de retiro. Chöku Öser fue un gran erudito de los sutras y tantras, considerado como un yogui muy consumado y omnisciente. A Kunpang Thukje Tsondru se le consideró como una emanación de uno de los Reyes Kalki de Shambala, tras haber unificado todos los linajes de Kalachakra en el Tíbet y haber consumado el gozo inmutable mediante la práctica de los Seis Yogas Vajra.

Encarnación de la sabiduría primordial de los Vencedores, Jangsem Gyalwa Yeshe,
Océano de sublimes cualidades, Khetsun Zangpo,
Buda omnisciente de los tres tiempos, Dolpopa.
Ante ustedes tres, Lamas incomparables, elevo estas súplicas.

A pesar de su limitado éxito en la práctica del Dharma en su juventud, Jangsem Gyalwa Yeshe alcanzó una realización incomparable y una gran sabiduría tras practicar los Seis Yogas Vajra bajo la guía de Thukje Tsondru. Khetsun Zangpo (también conocido como Khetsun Yonten Gyatso) fue célebre por una conducta moral impecable y otras grandes cualidades, así como por su realización extraordinariamente rápida mediante las prácticas de los Yogas Vajra. La gran luminaria del Jonang, Dolpopa, que unificó el linaje tántrico de Kalachakra con el linaje del Sutra de Zhentong, fue considerado la emanación del Buda de los tres tiempos, ya que su realización y dominio de las enseñanzas de Buda eran tan profundos como su erudición y su santidad.

Victorioso en todas las direcciones, Chokle Namgyal,
Fuente universal de alegría, glorioso Nyabonpa,
Tesoro de conocimiento y compasión, Kunga Lodrö.
Ante ustedes tres, pilares vitales de las enseñanzas, elevo estas súplicas.

Chokle Namgyal, conocido como el "invencible", fue capaz de memorizar todos los grandes textos y se mostró invicto en el debate, resultando siempre triunfador. Nyabonpa (también conocido como Tsungme Nyabon Kunga) fue un prolífico escritor y un maestro de Dharma muy respetado, cuyas enseñanzas fueron una fuente universal de alegría. Aunque Kunga Lodrö estudió mucho durante su juventud y su mente se convirtió en un tesoro de conocimiento, más tarde se convertiría en un yogui errante, movido por la renuncia y la compasión supremas.

Encarnación de las Tres Joyas, Trinle Zangpo,
Protector del Dharma definitivo y omnipresente, Nyeton Damcho,
Gran maestro de sutra y tantra, Namkha Pelzangpo.
Ante ustedes tres, Lamas maravillosos, elevo estas súplicas.

Trinle Zangpo (también conocido como Jamyang Konchog Zangpo) se formó en diversos monasterios de todas las tradiciones, encarnando así todas las enseñanzas de las Tres Joyas. Nyeton Damcho (también conocido como Drenchog Namkha Tsenchan) alcanzó grandes realizaciones mediante la práctica de los Seis Yogas Vajra; como abad de dos grandes monasterios, fue el protector del Dharma definitivo y omnipresente. Namkha Pelzangpo (también conocido como Panchen Namkha Palzang) se formó inicialmente en la Tradición Sakya y se convirtió en un eminente erudito del sutra y el tantra, especialmente del glorioso tantra de Kalachakra.

Excelso traductor, Ratnabhadra,
Fuente de alegría para todos los seres, Lama Kunga Drolchog,
Testigo del verdadero significado no nato, Lungrig Gyatso.
Ante ustedes tres, que realizaron el beneficio inigualable para los demás, elevo estas súplicas.

Se dice que Ratnabhadra aportó grandes beneficios a los demás gracias a su capacidad para pacificar a los demonios mediante su conexión con la deidad colérica Mahakala, además de fundar varios monasterios. Lama Kunga Drolchok fue un gran maestro Rimé que mantuvo una estrecha relación con la Dakini Niguma y brindó gran alegría a todos los seres gracias a su labor en el Dharma. Lungrig Gyatso alcanzó realizaciones extraordinarias por medio de la práctica de los Seis Yogas Vajra, incluido el control completo del estado de sueño, y fue, por tanto, un testigo del significado no nato de la verdad última.

Gran liberador y guía de todos los seres, Drolwe Gonpo,
Tesoro de un océano de cualidades, Kunga Rinchen,
Señor de todos los seres sagrados, victorioso Khedrup Namgyal.
Ante ustedes tres, poseedores de una bondad inigualable, elevo
estas súplicas.

Drolwe Gonpo (también conocido como Taranatha o Kunga Nyingpo), fue un gran liberador de los seres, ya que enseñó el Dharma extensamente, fue un escritor prolífico y revitalizó la tradición Jonang. Kunga Rinchen (también conocido como Ngonjang Rinchen Gyatso) fue un gran erudito y maestro conocido por su capacidad para absorber grandes volúmenes de conocimiento y por otras cualidades vastas como el océano derivadas de sus logros en vidas anteriores. Se dice que Khedrup Lodrö Namgyal era la reencarnación de la madre de Dolpopa, y se le consideraba la encarnación de todos los seres sagrados, ya que alcanzó grandes habilidades espirituales con signos milagrosos que aparecían cada vez que realizaba ciertos rituales.

Maestro de la palabra, Thugje Trinle,
Victorioso practicante, Tenzin Chogyur,
Ornamento del linaje de la práctica de Dharma, Ngawang Chöjor.
Ante ustedes tres, sostenedores del tesoro de instrucciones sagradas,
elevo estas súplicas.

Ngawang Thugye Trinlé (también conocido como Chalongwa), nació en Chosang en el año del caballo de madera y, desde temprana edad, tuvo muchos poderes espirituales, como el de pacificar demonios. Recibió instrucción de muchos Lamas, entre ellos el Panchen Lama Lobsang Chogyen, y en especial recibió los Seis Yogas de Kalachakra de Chöjé Kunsang Wangpo. Contó con muchos seguidores, desde Golok hasta Zuka Ta Tse. Tenzin Chogyur (también conocido como Ngawang Tenzin Namgyal), alcanzó muchas grandes realizaciones mediante la práctica de los Seis Yogas Vajra y fue así victorioso en su práctica del Dharma. Ngawang Chöjor (también conocido como Ngawang Khetsun Dargye) era considerado un ornamento de la práctica del Dharma debido a sus grandes realizaciones, que incluían poderes mágicos en sus sueños y la percepción continua de su cuerpo en el estado de luz clara.

Ornamento de la conducta perfecta, Trinle Namgyal,
Gran tesoro y siddha del Dharma, Chökyi Peljor,
Sostenedor de perfectas instrucciones, Gyalwe Tsenchang.
Ante ustedes tres, Lamas que realizan sin esfuerzo actividades sagradas,
elevo estas súplicas.

Trinle Namgyal recibió instrucciones de diversos maestros y alcanzó profundas realizaciones mediante la práctica de los Seis Yogas Vajra, por lo que fue venerado como poseedor de muchas buenas cualidades, incluida una conducta perfecta. Chokyi Peljor recibió los Seis Yogas de Kalachakra de su maestro Khetsun Dargye. Rápidamente alcanzó los signos de la verdadera realización de la etapa de consumación de Kalachakra y se convirtió en un auténtico sostenedor del linaje. Le conocían como Shayul Chögor y era clarividente, capaz de leer la mente de los demás. Gyalwe Tsenchang (también conocido como Nuden Lhundrup Gyatso) nació en Zuka Yakdo. Fue reconocido como la reencarnación de Tsangwa Ngawang Trinle. Residió en el palacio de Yakdo y gozó de gran reputación como maestro espiritual en muchos sitios. Fue reconocido como un gran líder espiritual por el monarca Ahkyong, que era su benefactor.

Esencia pura de las Tres Joyas, Jigme Namgyal,
Encarnación de todos los objetos de refugio, Chöpel Gyatso,
Ganador del cuerpo de unión de la iluminación, Chözin Gyatso.
Ante ustedes tres, Lamas que con verlos y escucharlos liberan a los seres,
elevo estas súplicas.

Jigme Namgyal, quien se cree que era la tercera reencarnación de Khedrup Lodrö Namgyal, alcanzó muchas cualidades extraordinarias como resultado de un estudio y una práctica impecables. Chöpel Gyatso se hizo famoso por sus extraordinarias dotes clarividentes. En el momento de su muerte, aparecieron muchos arcoiris como testimonio de su gran realización. Chözin Gyatso era considerado la emanación de Akashagarbha. Sus realizaciones eran tan profundas que podía llevar a cabo hazañas milagrosas tales como atravesar paredes y viajar a reinos puros como el de Shambala, donde recibió instrucciones que trajo de vuelta al Tíbet.

Expositor del Dharma de la Edad de Oro, Tenpa Rabgye,
Incomparable sabiduría en actividades sagradas, Lobsang Trinle,
Prolífico en el continente con la sabiduría de Manjushri, Jamphel Lodro.
Ante ustedes tres, ornamentos del sagrado Dharma, elevo estas súplicas.

Tenpa Rabgye recibió de Ngawang Chözin todas las instrucciones de los Seis Yogas Vajra y experimentó muchos signos que indicaban el dominio de su práctica. Llevó una vida muy humilde y falleció a la edad de setenta y seis años, permaneciendo en el estado de luz clara durante seis días. Lobsang Trinle también se centró intensamente en la práctica de Kalachakra. Tras contraer lepra a los treinta años e ingresar en un retiro solitario de la práctica de Vajrapani durante cinco años, dedicó el resto de su vida a atender y curar a personas con lepra y otras enfermedades. También trabajó incansablemente para restaurar el budismo Mahayana y Vajrayana en su forma pura. Jamphel Lodro fue reconocido como la reencarnación de Getse Khentrul, que en su vida anterior fue el maestro de Kalachakra, Chözin Gyatso. Estudió las cinco tradiciones budistas tibetanas en once monasterios del Tíbet. Tras un peregrinaje a la India para practicar en los principales lugares budistas sagrados, viajó a Australia con el firme compromiso de enseñar y traducir el Dharma a la lengua inglesa.

Práctica de las Siete Ramas y Súplica

Ante ti, refugio inequívoco, infalible y eterno,
con devoción, me postro con cuerpo, palabra y mente.

Te ofrezco sublimes nubes de ofrendas ilimitadas, reales e imaginadas.

Esta estrofa es el comienzo de lo que se conoce como la práctica de las siete ramas. En la tradición budista tibetana, este conjunto de oraciones correspondientes a siete prácticas se recita generalmente como un elemento preliminar de muchas prácticas, ya que ofrece una versión condensada de muchas instrucciones que son esenciales para la acumulación de mérito y sabiduría.

La primera rama es similar a la práctica del refugio, en la que nos postramos con cuerpo, palabra y mente como forma de rendir homenaje y mostrar nuestro respeto al refugio inequívoco, infalible y eterno del Lama y las Tres Joyas, quienes tienen el poder de liberarnos del samsara a nosotros y a todos los seres. Esto actúa como antídoto contra nuestro orgullo. La segunda rama de la oración consiste en presentar nubes de ofrendas ilimitadas, tanto reales como generadas mentalmente, como forma de acumular méritos. Mientras recitamos estas oraciones, debemos visualizar el campo de refugio descrito anteriormente, y a nosotros y a todos los seres sensibles ofreciendo postraciones y otros objetos preciosos, como en la práctica del ofrecimiento del mandala. Esto sirve como antídoto contra nuestra avaricia o falta de generosidad.

Confieso todas mis negatividades y transgresiones
acumuladas desde tiempos sin principio.
Me regocijo de todas las virtudes dentro del samsara y el nirvana.
Te ruego que gires la rueda del Dharma sin cesar.

La tercera rama de la práctica de las siete ramas consiste en *confesar* todas nuestras negatividades y transgresiones, con el Lama y las Tres Joyas como testigos. Al igual que en la práctica de Vajrasattva, los cuatro poderes deben estar presentes. Con el Lama y las Tres Joyas como nuestro soporte y apoyo, cultivamos un arrepentimiento genuino por todas las negatividades que hemos acumulado con nuestro cuerpo, palabra y mente, tal como si acabáramos de ingerir veneno; después, tomamos la firme resolución de no repetirlas en el futuro. Como antídoto, podemos visualizar que de las Tres Joyas se irradian rayos de luz que arrastran nuestras negatividades, mismas que se acumulan en forma de un montoncito negro en la punta de nuestra lengua.

Después de la práctica de confesión tenemos la cuarta rama. Aquí nos *regocijamos* de todas las virtudes dentro del samsara y el nirvana, que incluyen todos los méritos que nosotros mismos y los demás, tanto los seres sensibles ordinarios como los seres iluminados, hemos acumulado. Esto nos permitirá acumular grandes oleadas de méritos y servirá de antídoto contra la envidia.

A continuación, la quinta rama consiste en hacer plegarias para que el Lama y las Tres Joyas giren incesantemente *la Rueda del Dharma*, ya que sin alguien que nos enseñe el Dharma no habría forma de alcanzar la liberación del samsara y seríamos como un ciego abandonado en medio del desierto. En un principio, tras alcanzar la iluminación, Buda decidió no dar enseñanzas, pero cambió de opinión cuando los dioses Brahma e Indra le hicieron ofrendas y le suplicaron que hiciera girar la rueda del Dharma. Del mismo modo, deberíamos solicitar a todos aquellos que sostienen las enseñanzas de Buda que continúen impartiendo enseñanzas en este mundo para que sirvan como antídoto contra nuestros engaños.

Te imploro que permanezcas con nosotros sin pasar al parinirvana.
¡Dedico todas las virtudes para que yo y los demás alcancemos
rápidamente la iluminación suprema!

Tras haber rezado para que el Lama y las Tres Joyas giren la rueda del Dharma, en esta sexta rama les imploramos que permanezcan con nosotros en el samsara para siempre, sin pasar al parinirvana–el estado más allá de todo sufrimiento en el que entró el Buda cuando falleció. Aunque en realidad Buda está más allá del nacimiento y la muerte, nuestra capacidad de percibirlo depende de nuestro mérito, por lo que al hacer esta petición estamos orando para tener el mérito de seguir recibiendo sus enseñanzas.

La séptima y última rama de esta práctica es la *dedicación*, mediante la cual ofrecemos toda la virtud para que nosotros y todos los demás seres alcancemos rápidamente la iluminación suprema. Al igual que en las prácticas de dedicación anteriores, no sólo hemos de ofrecer nuestra propia virtud, sino todo el mérito que tanto nosotros como los demás hayamos acumulado en el pasado, en el presente y en el futuro. Esta intención tan vasta conducirá sin duda a un resultado inmenso.

Encarnación de todos los Budas, Señor del Dharma,
glorioso y precioso Lama, a ti elevo estas súplicas.
Esencia misma de los cuatro kayas de Buda, Señor del Dharma,
glorioso y precioso Lama, a ti elevo estas súplicas.

Esta estrofa nos recuerda una vez más que, en la práctica Vajrayana, el Lama es el objeto de refugio más importante, ya que es la encarnación de todos los budas, o el vínculo vivo que nos une a la energía universal de la iluminación. Al aprender a ver al Lama como un ser iluminado que posee los cuatro kayas de Buda, tendremos una vía para descubrir los cuatro kayas internos de nuestra naturaleza iluminada.

Supremo refugio inigualable, Señor del Dharma,
glorioso y precioso Lama, a ti elevo estas súplicas.
Supremo guía inigualable, Señor del Dharma,
glorioso y precioso Lama, a ti elevo estas súplicas.

El Lama es nuestro supremo refugio inigualable y nuestro supremo guía inigualable, ya que encarna el refugio último de las Tres Joyas, que nos ofrecen un camino inequívoco e inigualable mediante el cual nos pueden rescatar del sufrimiento del samsara y alcanzar la iluminación perfecta.

Maestro que enseña el camino a la liberación, Señor del Dharma,
glorioso y precioso Lama, a ti elevo estas súplicas.
Fuente de todos los logros sublimes, Señor del Dharma,

YOGA DEL GURU FUNDAMENTAL

glorioso y precioso Lama, a ti elevo estas súplicas.
Tú que disipas la oscuridad de la ignorancia, Señor del Dharma,
glorioso y precioso Lama, a ti elevo estas súplicas.

En este estrofa expresamos nuestra tremenda gratitud hacia el Lama, recordando que nos enseña el camino supremo hacia la liberación, que nos muestra todos los logros sublimes como nuestra conexión personal con los Budas, y que disipa la oscuridad de la ignorancia que impide que nos iluminemos.

¡Por favor, bendíceme y concédeme los empoderamientos!
¡Por favor, bendíceme para poder practicar con completa dedicación!

Ahora suplicamos al Lama que nos conceda los empoderamientos, es decir, que realice un ritual formal para conectarnos con su sabiduría iluminada (tal como se describe en la sección siguiente). En el budismo Mahayana, la naturaleza vacía de la mente se presenta a través del análisis filosófico y contemplativo, de modo que la mente primero comprende la vacuidad y luego la descubre. A través del empoderamiento (*abhisheka en sánscrito*), no sólo la mente, sino también el cuerpo y la palabra se presentan como una manifestación de nuestra naturaleza búdica, como si dijéramos "¡tenemos esto!". No estamos recibiendo algo externo, sino que activamos el reconocimiento de algo en nuestro interior.

También oramos al Lama para que nos conceda el poder necesario para dedicarnos a la práctica del Dharma por completo. Esta petición es una forma poderosa de crear las condiciones propicias para la auténtica práctica del Dharma.

¡Por favor, bendíceme para mi práctica se vea libre de obstáculos!
¡Por favor, bendíceme para experimentar la esencia de la práctica!

Los obstáculos a la práctica espiritual incluyen obstáculos externos –como problemas económicos o adversarios que actúan en nuestra contra–, y obstáculos internos –como pensamientos de avaricia o lujuria, que alejan nuestra mente de la práctica del Dharma. También hacemos oraciones para experimentar la esencia de la práctica, es decir, para alcanzar una verdadera realización y no sólo una comprensión intelectual.

¡Por favor, bendíceme para que mi práctica alcance la perfección última!
¡Por favor, bendíceme para emanar naturalmente amor, compasión y bodhicitta!

Para garantizar que nuestra práctica del Dharma tenga éxito, necesitamos dedicación o devoción al Dharma, y buena atención o concentración unipuntual. También necesitamos la capacidad de cultivar el amor, la compasión y la bodhicitta, hasta el punto de que formen parte de nosotros y emanemos naturalmente estas cualidades.

¡Por favor, bendíceme para que logre la concentración meditativa
que une la permanencia apacible y la visión superior!
¡Por favor, bendíceme para que pueda alcanzar
la experiencia extraordinaria y la suprema realización del Dharma!

Podemos experimentar la realidad de nuestra naturaleza búdica y erradicar por completo nuestras impurezas mentales si logramos unir la concentración y la visión superior. Por lo tanto, hacemos estas oraciones para alcanzar el estado de shamatha, la concentración unipuntual perfecta mediante la cual la mente puede enfocarse poderosamente como un proyector sobre cualquier objeto que elijamos, lo que a su vez nos conducirá a vipashyana, el estado de visión clara de la verdadera naturaleza de la realidad.

¡Por favor, bendíceme para perfeccionar
la práctica de las etapas del profundo camino del Yoga Vajra!
¡Por favor, bendíceme para recibir las iniciaciones
y lograr los siddhis del Gran Sello en esta misma vida!

Por último, suplicamos al Lama para que seamos capaces de practicar perfectamente y realizar el profundo camino del Yoga Vajra, es decir, el método tántrico extraordinario de Kalachakra de la tradición Jonang conocido como los Seis Yogas Vajra.

Los Cuatro Empoderamientos

Es mediante las cuatro iniciaciones que llegamos a conocer el cuerpo, palabra, mente sagrados, así como la sabiduría primordial del Lama, que son, de hecho, una manifestación de nuestra propia naturaleza búdica. El "cuerpo, palabra y mente" que se nos presentan tienen muchos niveles de significado, pero de forma sencilla podemos decir que estamos purificando el cuerpo sutil (formado por canales y chakras), la palabra sutil (o aires internos), la mente sutil (o esencias) y, por último, el residuo de los tres combinados (conocido como la conciencia fundamental). De acuerdo con el sistema de Kalachakra, los cuatro empoderamientos verdaderos tienen lugar con una consorte de sabiduría secreta; por lo tanto, aquí podemos considerar la práctica de recibir los empoderamientos como una representación simbólica de este nivel más profundo.

Desde la sílaba OM (ॐ) en la frente de mi Lama raíz, el gran Vajradhara, se irradia luz blanca que se disuelve en mi chakra de la frente, purificando mis negatividades y oscurecimientos del cuerpo. ¡Por favor, confiéreme el empoderamiento de la vasija y las bendiciones del cuerpo iluminado!

Con el primer empoderamiento, conocido como el empoderamiento de la vasija, una luz blanca se irradia desde la frente del Lama y se disuelve en nuestro chakra de la frente, situado en el punto medio entre los ojos, aproximadamente un centímetro por encima del puente nasal. Esto purifica los oscurecimientos del cuerpo, relacionados con acciones negativas tales como robar o infligir daño físico a los demás, y desintegra las impurezas de los canales y chakras. De este modo, el Cuerpo-Vajra iluminado nos bendice, nos convierte en un recipiente receptivo para la práctica de la visualización y nos empodera con los potenciales para alcanzar el nirmanakaya, el cuerpo de emanación de un Buda.

Desde la sílaba AH (ཨཱཿ) en la garganta del Lama, se irradia luz roja que se disuelve en mi chakra de la garganta, purificando mis negatividades y oscurecimientos de la palabra. ¡Por favor, confiéreme el empoderamiento secreto y las bendiciones de la palabra iluminada!

Con el segundo empoderamiento, conocido como el empoderamiento secreto, una luz roja se irradia desde la garganta del Lama y se disuelve en nuestro chakra de la garganta, situado justo encima de la manzana de Adán. Esto purifica las negatividades y los oscurecimientos del habla relacionados con acciones negativas, como decir palabras hirientes o falsas. También desintegra las impurezas de los aires internos. De este modo, el Habla-Vajra iluminada nos bendice, nos convierte en un recipiente receptivo para la práctica de la recitación de mantras y nos empodera con los potenciales para alcanzar el sambhogakaya, el cuerpo de deleite de un Buda.

Desde la sílaba HUNG (ཧཱུྃ) en el corazón del Lama, se irradia luz azul que se disuelve en mi chakra del corazón, purificando mis negatividades y oscurecimientos de la mente. ¡Por favor, confiéreme el empoderamiento de la sabiduría y las bendiciones de la mente iluminada!

Con el tercer empoderamiento, conocido como el empoderamiento de la sabiduría, una luz de color azul oscuro se irradia desde el corazón del Lama y se disuelve en nuestro chakra del corazón, situado en el centro del pecho. Esto purifica los oscurecimientos de la mente relacionados con pensamientos como la codicia, el odio y las ideas fijas, y desintegra las impurezas de las esencias sutiles. De este modo, la Mente-Vajra iluminada nos bendice, nos convierte en un recipiente receptivo para prácticas como el tummo (en las que intervienen los aires y canales sutiles) y nos empodera con los potenciales para alcanzar el dharmakaya, el cuerpo de la verdad de la sabiduría de Buda.

> *Desde la sílaba HO (ཧོཿ) en el ombligo del Lama, se irradia luz amarilla que se disuelve en mi chakra del ombligo, purificando todas mis latencias de pensamiento conceptual y apego. ¡Por favor, confiéreme el cuarto empoderamiento sagrado, implanta en mí la semilla de los cuatro kayas de Buda y otórgame las bendiciones de la indestructible sabiduría primordial!*

Con el cuarto empoderamiento, conocido como el empoderamiento de la palabra, una luz amarilla se irradia desde el ombligo del Lama y se disuelve en nuestro chakra del ombligo, situado en realidad a unos cuatro dedos de distancia por debajo del ombligo. Esto purifica todos los potenciales del pensamiento conceptual y el apego, es decir, los oscurecimientos cognitivos y las impresiones kármicas almacenadas en la conciencia fundamental, la "base de todo". Esto desmantela las impurezas que quedan como residuo de los tres venenos anteriormente mencionados. De este modo, la indestructible Sabiduría Primordial-Vajra nos bendice, nos convierte en un recipiente receptivo para la meditación directa sobre la verdad última y nos empodera con los potenciales para alcanzar el svabhavikakaya, el cuerpo de la naturaleza sublime de Buda.

Fundir la Mente con la Mente de Sabiduría del Lama

> *El Lama se funde en la luz y se disuelve en mí. Mi mente se vuelve inseparable de la mente dharmakaya del Lama. Que pueda permanecer en este estado no conceptual sin esfuerzo.*

Al igual que en las prácticas anteriores, terminamos la práctica del Yoga del Guru disolviendo toda la visualización y observando y contemplando la inseparabilidad entre nosotros y el Lama. Así pues, el Lama se funde en luz y se disuelve en nosotros. Conforme esto sucede, nuestra mente se vuelve inseparable de la mente dharmakaya del Lama. Cuando apenas comenzamos la práctica, todavía existe una noción separada de "uno mismo" y el Lama, del mismo modo que el arroz y el trigo todavía pueden separarse, aunque estén mezclados. Cuando progresamos en este camino, no existe noción alguna de separación y nuestra mente se funde por completo con la mente de sabiduría del Lama. Se vuelven inseparables, como el agua vertida en agua. Finalmente llegamos a darnos cuenta de que nunca hubo separación entre nuestra mente y la mente del Lama, que no es otra que nuestra propia naturaleza búdica. No sólo fusionamos nuestra mente con la del Lama, sino todo nuestro ser, incluidos el cuerpo y la palabra, aunque en realidad no haya nada que fusionar, ya que nunca han estado separados.

Después de fundir nuestra mente con la mente de sabiduría del Lama, debemos permanecer sin esfuerzo en este estado no conceptual y no forzado lo mejor que podamos. Dejamos que nuestra mente se funda con la mente del Lama tanto tiempo como podamos. Una vez que perdamos esta sensación de unidad, podemos recitar oraciones durante unos minutos y luego experimentar que el Lama se disuelve de nuevo en nosotros, simplemente observándolo sin ninguna idea preconcebida.

Es posible que nos lleve un tiempo entender o dominar esta práctica, y no debemos lamentarnos si no ocurre nada de inmediato. Para tener éxito en esta práctica deben reunirse muchas condiciones por parte de quien concede, quien recibe y la conexión. El Lama debe estar conectado de manera pura con un linaje auténtico, nosotros debemos generar una gran cantidad de méritos al tiempo que mantenemos el tipo correcto de devoción, y necesitamos que haya una buena relación o una conexión kármica cercana con el Lama.

Dedicación

Que pueda llegar a ser como ustedes, gloriosos Lamas raíz y maestros del linaje.
Que los seguidores, tiempo de vida, título noble y reino puro, míos y de los demás, sean exactamente como los suyos.

Dedicamos la virtud de esta práctica del Yoga del Guru con la aspiración de emular a los gloriosos Lamas raíz y del linaje. Nuestra percepción limitada es la que nos impide ver que, de hecho, estos Lamas son Budas completamente iluminados. Por lo tanto, debemos aspirar a seguir su ejemplo para que se pueda revelar nuestra propia naturaleza búdica.

En el siguiente verso, desarrollamos la aspiración de alcanzar todas las cualidades iluminadas de nuestro Lama. Esto incluye un séquito de "seguidores" a nuestro alrededor sobre los que tenemos el poder de influir de forma iluminada para lograr nuestro propósito iluminado. Esto es el resultado de nuestros méritos. "Tiempo de vida" se refiere a una vida larga para que podamos beneficiar a los seres de la mejor manera posible. "Título noble" se refiere a cómo nos manifestamos en beneficio de los demás, ya sea como Rey Kalki de Shambala, como un simple monje o como un ermitaño errante. Por último, "reino puro" se refiere a la manifestación del mérito que el Lama ha acumulado mientras recorría el camino a la Budeidad, al igual que Buda Amitabha dedicó océanos de mérito para que los seres pudieran renacer en su reino puro si recordaban su nombre en el momento de su muerte.

Que por el poder de elevarte homenajes y súplicas,
se pacifiquen todas las enfermedades, la pobreza y los conflictos
dondequiera que yo y los demás nos encontremos.
¡Que el precioso Dharma y todo lo auspicioso aumente en todo
el universo!

Con esta estrofa dedicamos la virtud de la práctica para que todas las enfermedades, la pobreza y los conflictos se pacifiquen en todo el mundo y para que todo lo virtuoso y auspicioso, especialmente el precioso Dharma, aumente en todo el universo y conduzca a todos los seres a la felicidad última de la iluminación.

***

Las *Preliminares Particulares*, que se detallan en la siguiente sección, están reservadas para aquéllos que han adoptado los compromisos del Tantra Yoga Supremo. Si aún no hemos recibido estos empoderamientos, la recitación termina aquí, al final del Yoga del Guru. En el futuro, cuando se presenten las condiciones, podremos recibir los empoderamientos y realizar las prácticas sin restricciones.

TERCERA PARTE

Preliminares Particulares y Práctica Principal De Kalachakra

— *Kalachakra Yab-Yum* —
Deidad del Kalachakra Innato en unión con Vishvamata

CAPÍTULO NUEVE

Práctica del Kalachakra Innato

En la siguiente práctica nos visualizamos en la forma iluminada de la deidad Kalachakra de dos brazos, conocida como el Kalachakra Innato. Esta es la primera de las dos preliminares exclusivas para los Seis Yogas Vajra según la tradición Jonang, y también se conoce como la etapa de generación en el tantra del yoga supremo. Sólo podemos realizar esta práctica si previamente hemos recibido un empoderamiento del tantra yoga supremo, de preferencia según la tradición de Kalachakra. En la tradición Jonang, la etapa de generación se practica como preliminar a las prácticas de la etapa de consumación de los Seis Yogas Vajra. Para estas prácticas, es esencial recibir Empoderamientos de Kalachakra.

Cuando nos "generamos" como una deidad iluminada, no estamos generando una realidad inventada o de fantasía, sino que estamos utilizando un método extraordinariamente hábil para acercarnos a la realidad no dual de la iluminación, que es nuestra naturaleza más profunda. Con este método aprendemos a ver el universo como puro y a todos los seres que hay en él como seres iluminados, aunque ante las mentes ordinarias puedan aparecer como llenos de impurezas que aún no han superado. Al ver más allá de la realidad convencional y abrazar nuestra naturaleza última, seremos capaces de experimentar todos los niveles de la realidad con una visión mucho más clara y compasiva.

Actualmente estamos atrapados en todo tipo de nociones dualistas, distinciones y emociones negativas. Meditar en nosotros mismos como una deidad nos ayuda a desarticular este capullo de engaño al introducirnos en un reino búdico puro que está libre de todas las limitaciones dualistas.

Nos permite transformar todas las experiencias impuras en percepción pura hasta que nos demos cuenta de que todo ha sido puro desde el principio. Aunque esta percepción pura todavía no es la experiencia real de la vacuidad, nos vamos acercando a ella y, por lo tanto, la utilizamos como un peldaño provisional para alcanzar una realidad mucho más profunda. Una vez que nos hayamos familiarizado a fondo con la naturaleza pura de nuestra experiencia, estaremos capacitados para practicar la etapa de consumación, en la que meditamos directamente en la sublime vacuidad.

Conforme nos adiestramos para vernos a nosotros mismos como la deidad iluminada de Kalachakra, estamos también transformando nuestro mundo en el mandala sagrado de Kalachakra, que representa la profunda relación entre el Kalachakra exterior del universo contenedor, el Kalachakra interior de los seres sensibles contenidos y el Kalachakra alterno de su naturaleza iluminada. Cuando nos familiarizamos con la siguiente visualización y mantra, especialmente durante la práctica de retiro intensivo, podemos convencernos de esta realidad iluminada en la que todas las apariencias se convierten en las deidades iluminadas de Kalachakra, todos los sonidos se convierten en la palabra iluminada de Kalachakra, y todos los pensamientos surgen y se disuelven en el reino nonato de la mente iluminada de Kalachakra. Dondequiera que vayamos, toda nuestra experiencia estará permeada por la esencia de Kalachakra.

PRÁCTICA BREVE DEL KALACHAKRA INNATO CON COMENTARIO

Como en toda práctica Mahayana, hemos de tomar refugio y cultivar la intención suprema de la bodhicitta. A continuación, comenzamos la práctica estableciendo primero la visualización y recitando después el mantra. Esta práctica de visualización debe contener tres características esenciales: (1) presencia, (2) claridad y (3) pureza de percepción. La *presencia*, u orgullo divino, tiene que ver con la fuerza del sentimiento o la conexión emocional que se tiene respecto a la visualización. La *claridad* es la atención a los detalles, que poco a poco queda grabada en nuestra

PRÁCTICA DEL KALACHAKRA INNATO

mente gracias a la práctica. Estos detalles no son rígidos ni fijos, sino vívidos y *translúcidos*, como un arcoiris. La percepción pura es cuando nos damos cuenta del verdadero significado de los símbolos que visualizamos. Si todos estos detalles resultan abrumadores, podemos recordar que las sensaciones de presencia y confianza son lo más importante.

Visualización

OM SHUNYATA JNANA VAJRA SVABHAVA ATMAKO HAM
OM, Soy la naturaleza de la conciencia vajra de la vacuidad.

Al recitar este mantra, visualizamos rápidamente que nosotros mismos y todos los fenómenos se disuelven en el estado natural más allá de los conceptos y permanecemos en este estado por un tiempo. Pensamos con absoluta confianza: "Soy el estado primordial y natural de la realidad, más allá de sujeto y objeto". Tratamos de permanecer en este estado no conceptual lo mejor que podamos.

Surgiendo de la vacuidad, aparezco instantánea y espontáneamente como el Kalachakra Innato. Aparezco sobre la cima del Monte Meru y el universo de los cuatro elementos, sobre un loto y discos de luna, sol, Rahu y Kalagni apilados. Soy el glorioso Kalachakra. Mi cuerpo es de color azul, con un rostro, dos brazos y tres ojos. Sostengo un vajra y una campana en mi pecho y abrazo a mi consorte, Vishvamata.

Desde el estado vacío más allá de los conceptos, completamente inspirados por la intención de la bodhicitta, aparecemos instantáneamente como el Kalachakra Innato, conocido como "Dukor Lenkye" en tibetano. Dentro de la mente iluminada del Kalachakra Innato aparece una serie de cuatro discos concéntricos que representan el universo de los cuatro elementos: (de abajo hacia arriba) un vasto mandala de viento, un mandala de fuego, un mandala de agua y un mandala de tierra. En el centro del mandala de tierra aparece el Monte Meru, encima del cual aparece un loto multicolor y, a continuación, un disco lunar blanco, un disco solar rojo, un disco de Rahu negro y un disco de Kalagni amarillo. El disco lunar simboliza la bodhicitta, el disco solar la realización de la vacuidad, el disco de Rahu el gozo inmutable y el disco de Kalagni la forma vacía.

Kalachakra se yergue majestuosamente sobre este asiento. Es de color azul oscuro, lo que simboliza la pureza última del canal central, y tiene un rostro que simboliza la verdad natural última de todos los fenómenos. Sus dos brazos simbolizan el método y la sabiduría del estado primordial o la inseparabilidad del gran gozo inmutable y el vacío-forma. Sus tres ojos simbolizan la percepción directa del pasado, el presente y el futuro. Abraza a su consorte Vishvamata con las manos extendidas, sosteniendo un vajra en la mano derecha y una campana en la izquierda, símbolo de la unidad última del método y la sabiduría, o de los aspectos masculino y femenino de la iluminación.

El cuello de Kalachakra tiene tres colores —azul oscuro en el centro, rojo en el lado derecho y blanco en el lado izquierdo— que simbolizan la eliminación de tres cualidades conocidas como las *tres gunas*: (1) tamas, (2) rajas y (3) sattva. En Kalachakra, estas cualidades representan los *tres venenos*: (1) la ignorancia, (2) el apego y (3) la aversión. Estos términos son familiares para los seguidores del sistema hindú Samkhya y se utilizaban específicamente como ayuda para guiar a dichos practicantes por un camino benéfico.

Mi pierna izquierda blanca está flexionada y pisotea el corazón del dios blanco de la creación. Mi pierna derecha roja está extendida y pisotea el corazón del dios rojo del deseo. Mi cabeza está adornada con un nudo de mechones trenzados, una joya que colma los deseos y una luna creciente.

Kalachakra tiene dos piernas y está de pie sobre dos dioses samsáricos vinculados a la tradición hindú, que simbolizan la liberación tanto del samsara como del nirvana. La pierna blanca izquierda está ligeramente flexionada y aplasta el pecho del dios Ishvara, representado como un dios colérico, de un solo rostro y tres ojos blancos, vestido con una piel de tigre y adornado con una serpiente, que yace boca arriba, tras haberse desmayado. Esto representa la transformación del canal izquierdo "lalana" y la eliminación de las cuatro aflicciones (apego, aversión, ignorancia y orgullo). La pierna derecha roja está estirada y aplasta el pecho del dios del deseo Karmadeva, de color rojo, que tiene un rostro apacible, dos brazos y luce ornamentos de joyas, también tendido boca arriba después de haberse desmayado. Esto representa la transformación del canal derecho "rasana" y la eliminación de los cuatro maras (los agregados, las aflicciones, la muerte y los objetos de placer).

La cabeza de Kalachakra está adornada con un grueso nudo de pelo trenzado en mechones que cuelgan libremente por su espalda. Encima del nudo se encuentra una preciosa joya que colma los deseos, envuelta en seda, que cuelga hacia abajo. Delante del nudo superior hay un vajra cruzado multicolor que simboliza los *cuatro poderes sublimes de Buda*: (1) pacificación, (2) incremento, (3) control y (4) sometimiento colérico. Sobre el vajra doble hay una luna creciente que simboliza el gozo inmutable.

Estoy adornado con ornamentos vajra y visto una prenda inferior de piel de tigre. Mis dedos son de cinco colores diferentes y las tres falanges de cada dedo también son de colores diferentes. Vajrasattva adorna la coronilla de mi cabeza, y yo estoy de pie en el centro de un anillo de llamas ardientes de cinco colores diferentes. Mi expresión facial muestra una mezcla de ira y pasión.

Kalachakra está adornado con numerosos ornamentos vajra, como pendientes, collares, brazaletes, cinturón, tobilleras y malas, todos hechos de diamantes indestructibles. Está cubierto con un pañuelo de seda, que simboliza el gozo inmutable e indestructible de la mente iluminada, y viste una prenda inferior de piel de tigre que simboliza la eliminación del orgullo y la arrogancia.

Los cinco dedos de la mano izquierda y derecha son de cinco colores diferentes: (1) el pulgar es amarillo, (2) el índice es blanco, (3) el dedo medio es rojo, (4) el anular es azul oscuro y (5) el meñique es verde. Estos colores simbolizan la purificación de los *cinco elementos* del canal izquierdo "lalana", que resulta en el logro de las *cinco sabidurías*: (1) la sabiduría omnipresente, (2) la sabiduría espejo, (3) la sabiduría de la ecuanimidad, (4) la sabiduría de la discriminación y (5) la sabiduría omnipotente. En el interior de cada mano, las tres falanges de cada dedo son de tres colores diferentes: (1) la falange más cercana a la punta del dedo es blanca, (2) la falange del medio es roja y (3) la de la base (más cercana a la palma) es azul oscuro. Estos colores simbolizan la purificación del canal derecho "rasana" y el logro del (1) cuerpo vajra indestructible, (2) la palabra vajra indestructible y (3) la mente vajra indestructible. La coronilla está adornada con un Vajrasattva de color azul, que simboliza que Kalachakra pertenece principalmente a la familia búdica de Vajrasattva.

Rayos de luces de cinco colores diferentes se irradian con la extensión de un cuerpo y luego se transforman en un anillo de llamas intensas, y tanto las luces como las llamas se expanden aún más hacia el exterior. Su rostro tiene una apariencia colérica y poderosa, con un temible par de colmillos superiores e inferiores, y los tres ojos saltones y ligeramente inyectados en sangre. Su expresión muestra una mezcla de intensidad colérica implacable y amor apasionado o gozo sexual divino. Esto representa la compasión indestructible y el gozo inmutable.

Me abraza Vishvamata, que tiene un cuerpo de color amarillo, con un rostro, dos brazos y tres ojos. Sostiene un cuchillo curvo en la mano derecha y un cáliz de cráneo en la izquierda. Con la pierna derecha flexionada y la izquierda extendida, estamos de pie juntos en unión. Está desnuda y adornada con los cinco ornamentos simbólicos de hueso. La mitad de su cabello está recogido en un moño y el resto cae suelto.

Kalachakra está abrazando a su consorte Vishvamata, y están inseparablemente unidos (lo que se conoce como Kalachakra Yab-yum). El aspecto de Vishamata presenta un cuerpo amarillo dorado, con un rostro, dos brazos y tres ojos. En su mano derecha empuña un cuchillo desollador de hoja curva mientras abraza a Kalachakra; en su mano izquierda sostiene

PRÁCTICA DEL KALACHAKRA INNATO

un cáliz de cráneo y le ofrece néctar divino a Kalachakra. Está de pie junto a Kalachakra en unión sexual divina, con la pierna derecha flexionada y la izquierda extendida. Está desnuda y adornada con una rueda dorada en la coronilla y cinco ornamentos de hueso: (1) pendientes de hueso, (2) brazaletes, pulseras, (3) tobilleras, (4) cinturón y (5) collares. Lleva la mitad del pelo recogido en un nudo en la coronilla y la otra mitad le cae por la espalda, lo que simboliza que todos los fenómenos tienen, en última instancia, una naturaleza de forma vacía.

En la frente de mi Yab-Yum aparece la sílaba OM (ॐ), en la garganta, AH (ཨཿ), en el corazón, HUNG (ཧཱུྃ), en el ombligo, HO (ཧོཿ), en el lugar secreto, SVA (སྭ) y en la coronilla, HA (ཧ).

En la frente de Kalachakra Yab-yum se encuentra (1) una OM de color blanco, que representa la naturaleza pura del elemento agua y a Amitabha, el cuerpo vajra de todos los Budas. (2) En su garganta hay una sílaba AH de color rojo, que representa la naturaleza pura del elemento fuego y a Ratnasambhava, la palabra vajra de todos los Budas. (3) En su corazón hay una sílaba HUNG de color azul oscuro que representa la naturaleza pura del elemento aire y a Amoghasiddhi, la mente vajra de todos los Budas. (4) En su ombligo hay una HO amarilla, que representa la naturaleza pura del elemento tierra y a Vairochana, la sabiduría vajra indestructible de todos los Budas. (5) En su lugar secreto hay una sílaba SVA azul, que representa la naturaleza pura del elemento de la sabiduría primordial y a Vajrasattva, la pureza última de la sabiduría primordial de los Budas. (6) Finalmente, sobre su coronilla se halla una sílaba HA verde, que representa la naturaleza pura del elemento espacio y a Akshobya, las actividades vajra de todos los Budas.

La visualización de las seis sílabas no sólo tiene por objeto bendecir o transformar estos puntos específicos del cuerpo, sino también comprender que Kalachakra y Vishvamata son la encarnación pura de los seis reinos del samsara y que esto no difiere de nuestra propia naturaleza primordial.

De mi corazón se irradian rayos de luz que transforman el universo entero en una tierra búdica, y a todos los seres en innumerables deidades del mandala de Kalachakra.

A continuación, rayos de luz brillante de seis colores diferentes se irradia desde el corazón de Kalachakra y las seis sílabas, y alcanza los seis reinos del samsara. La tierra búdica del mandala de Kalachakra abarca todo el universo de los seis reinos, y la luz transforma a todos los seres en innumerables deidades del mandala de Kalachakra.

Con confianza, recordamos que somos Kalachakra y Vishvamata en unión y hacemos que nuestra visualización sea clara, vívida y translúcida como la luz de un arcoiris, a diferencia de una imagen o estatua ordinaria. Permanecemos en este estado de Kalachakra natural tanto tiempo como deseemos.

Repetición del Mantra y Disolución

OM HA KSHA MA LA VA RA YANG (SVAHA)
(Recita este mantra tanto tiempo como desees.)

Una vez que hayamos estabilizado la visualización del Kalachakra Innato, debemos visualizar el símbolo del mantra de Kalachakra en nuestro corazón y recitar el mantra. La mejor manera de recitar el mantra es recordar los diferentes niveles de significado de cada sílaba y, al mismo tiempo, mantener una visualización clara en la mente. Podemos recitarlo en voz alta o en silencio, aunque en ambos casos el sonido de cada sílaba debe ser claro. El mejor método para recitar el mantra es hacerlo susurrando, procurando no hacerlo demasiado alto.

Para visualizar el símbolo del mantra (a veces conocido como el Diez Veces Poderoso), visualizamos un loto en el corazón con discos de Luna, Sol, Rahu y Kalagni, apilados sobre él. Encima de estos discos aparece el símbolo del mantra con letras de colores interconectadas, como se muestra en la imagen. Dependiendo de la práctica que estemos realizando, pode-

PRÁCTICA DEL KALACHAKRA INNATO

mos visualizar los componentes con diferentes colores. Según la tradición Jonang, para la etapa de generación de Kalachakra visualizamos el símbolo de la siguiente manera (de arriba hacia abajo): (1) hay una HA blanca; (2) una KSHA verde; (3) una MA multicolor; (4) una LA amarilla; (5) una VA blanca; (6) una RA roja; (7) y una YA negra; (8) en la parte superior hay una luna creciente roja; (9) con una gota blanca encima; y un (10) nadu (similar a una pequeña llama) azul oscuro que se eleva desde la gota.

Las sílabas del mantra tienen múltiples niveles de significado y simbolizan diversos aspectos del Kalachakra externo, interno y alterno. En un sentido general, expresa el significado todo el Budadharma, incluidos los tres vehículos y las 84,000 enseñanzas de Buda. También representa los seis elementos, que constituyen todos los fenómenos convencionales y son los principales objetos de purificación: (1) aire (YA), (2) fuego (RA), (3) agua (VA), (4) tierra (LA), (5) conciencia (MA) y (6) espacio (HA). Estos elementos también se asocian a seis aspectos del camino a la iluminación y a las seis familias búdicas, el resultado final de la iluminación. Además, la KSHA verde representa el elemento de la mente primordial, la luna creciente representa las esencias rojas y el canal derecho, la gota representa las esencias blancas y el canal izquierdo y el nadu representa el canal central.

Visualizaciones Alternas para la Recitación

Si los detalles específicos resultan demasiado difíciles, Jetsun Taranatha nos da la opción de simplemente visualizar el mantra de color verde en el centro de nuestro corazón, ya que el verde representa todos los colores. Otra alternativa es seguir practicando una de las siguientes visualizaciones. Entre ellas, podemos elegir la visualización con la que nos sintamos más conectados. Mientras recitamos el mantra, nos centramos en los detalles de la visualización y dejamos que nuestra mente repose en el estado que ésta nos produce. Mediante el poder de esta práctica, podemos comenzar a percibir todos los sonidos como el mantra, todas las apariencias como deidades y todos los pensamientos como la sabiduría

El Diez Veces Poderoso

del dharmakaya.

Concentración en el Mandala de Kalachakra

Desde el mantra de Kalachakra visualizado en el corazón, irradiamos infinitos rayos de luz a los reinos búdicos del Sambhogakaya e invocamos a todas las 636 deidades del mandala de Kalachakra y a cualquier otra deidad Yidam de las cuatro clases de tantra. Kalachakra Yab-Yum absorbe todas estas deidades de modo que nos convertimos en la encarnación de todas ellas.

Concentración en el Guru Raíz

Nos visualizamos como Kalachakra Yab-Yum y, desde el mantra en nuestro corazón, irradiamos luz en todas direcciones invocando a nuestro Guru espiritual principal. Nuestro Guru nos confiere los cuatro empoderamientos, se disuelve en el Vajrasattva azul sobre nuestra coronilla y nos volvemos inseparables.

Concentración en los Maestros del Dharma

Nos visualizamos como Kalachakra en unión con Vishvamata. Desde el mantra de nuestro corazón se irradia luz en todas direcciones, invocando a todos los maestros del Dharma con los que tenemos una conexión. Todos ellos se disuelven en nuestro Guru principal, la encarnación de todos nuestros maestros espirituales, que es inseparable del Vajrasattva en nuestra coronilla.

Ofrenda a los Seres Iluminados

Nos visualizamos como Kalachakra Yab-Yum e irradiamos infinitos rayos de luz a todos los reinos búdicos desde el mantra de Kalachakra en nuestro corazón. Los rayos se transforman en innumerables ofrendas externas, internas y secretas, que satisfacen y complacen las mentes puras de todos los Budas. Al mismo tiempo, tenemos la certeza de que todos los seres acumulan océanos de méritos. A continuación, los rayos de luz regresan con las bendiciones del cuerpo, palabra y mente de todos los Budas en forma de imágenes, mantras y símbolos que se disuelven en Kalachakra Yab-Yum. De este modo, recibimos los empoderamientos del cuerpo, palabra y mente de todos los Budas.

Purificación de los Reinos Impuros

Nos visualizamos como Kalachakra Yab-Yum e irradiamos infinitos rayos de luz desde el mantra de nuestro corazón hacia todos los universos impuros. A medida que la luz toca cada universo, éste se convierte instantáneamente en un reino búdico puro lleno de grandes palacios, y todos los seres se convierten instantáneamente en deidades del mandala de Kalachakra. Los rayos de luz retornan y se disuelven en Kalachakra Yab-Yum. Esto se conoce como la purificación de los universos impuros y equivale a la práctica del Bodhisattva conocida como adiestramiento en la tierra pura, mediante la cual todas las raíces de virtud se transforman en los medios para establecer un reino búdico, donde se alcanzará el estado de iluminación. Los practicantes del sutra Mahayana llevan a cabo esta práctica a lo largo de muchos eones, pero un verdadero practicante del Vajrayana podría completarla en muy poco tiempo.

La Marca de Fuego del Mantra

Las siguientes dos visualizaciones se practican comúnmente en todas las formas del Tantra del Yoga Supremo. Para la primera de ellas, continúamos visualizándonos como Kalachakra Yab-Yum con el símbolo de Kalachakra en el corazón y recordando que nuestra verdadera realidad natural está vacía de todos los fenómenos engañosos. Todos los fenómenos samsáricos y todos los fenómenos iluminados son una manifestación de Kalachakra Yab-Yum. Con gran confianza vemos que todas las sílabas del mantra de Kalachakra OM HAKSHA MALA VARAYA se irradian en un caudal desde la boca de Kalachakra hasta su corazón, descendiendo por su cuerpo hasta su joya vajra secreta y fluyendo con un gran sonido de gozo hacia el loto secreto de Vishvamata. El caudal de sílabas asciende entonces a través del canal central de ella, saliendo de su boca y entrando en la boca de Kalachakra antes de disolverse en el símbolo de su corazón. Cada vez que se forma un nuevo mantra, fluye continuamente de esta manera.

La Marca de Fuego Inversa del Mantra

Para la segunda, nos visualizamos como Kalachakra Yab-Yum con el mantra de Kalachakra en el corazón, igual que antes. Recordamos que nuestra verdadera realidad natural está vacía de todos los fenómenos engañosos y que todos los fenómenos samsáricos y todos los fenómenos iluminados son una manifestación de Kalachakra Yab-Yum. Con gran confianza, observamos que todas las sílabas del mantra de Kalachakra, OM HAKSHA MALA VARAYA, se irradian en un caudal desde la boca de Kalachakra hacia la boca de Vishvamata, descendiendo por su canal central a través de su loto secreto y fluyendo con un gran sonido de gozo hacia la joya vajra secreta de Kalachakra. Luego asciende a través del canal central de él y se disuelve en el símbolo de Kalachakra en su corazón. Cada vez que se forma un nuevo mantra, continúa moviéndose de esta manera en un flujo circular.

Recitación Similar al Zumbido de Abejas

Por último, hay otras dos formas de visualización y recitación del mantra que fueron practicadas por muchos grandes maestros de la India y el Tíbet. Son muy poderosas y sólo las realizan los practicantes del Tantra del Yoga Supremo. También son las prácticas más preciadas para prepararse para la etapa de consumación de Kalachakra y la práctica principal de recitación en el Tantra del Yoga Supremo. Esto se debe a que gracias a ellas, uno puede lograr la realización de la unión inseparable del gran gozo y la forma vacía.

Para la primera práctica, continuamos visualizándonos como Kalachakra Yab-Yum con el mantra en el corazón, y esta vez todos los Budas y los seres sensibles de las diez direcciones se convierten instantáneamente en Kalachakra. Todos recitamos el mantra de Kalachakra OM HAKSHA MALA VARAYA de modo que lo único podemos escuchar es el sonido del mantra. Mantenemos la mente concentrada en este estado y recitamos el mantra de manera unipuntual: OM HAKSHA MALA VARAYA. Un maestro indio afirmó, "Tus recitaciones del mantra, tu práctica y tu mérito se multiplican con esta visualización y práctica".

Las Cuatro Actividades Extraordinarias

La segunda práctica se conoce como las cuatro actividades extraordinarias, mismas que los practicantes tántricos llevan a cabo para los demás. Estas actividades incluyen la pacificación, el incremento, el control y el sometimiento colérico; cada una se identifica con un color específico, como se describe a continuación, y pueden practicarse de forma individual o conjunta.

Una vez más, comenzamos visualizándonos como Kalachakra en unión con Vishvamata, con el símbolo de Kalachakra en el corazón, y esta vez aparecen multitudes de deidades en medio de los rayos de luz que se irradian hacia los confines del espacio. Estos rayos de luz irrumpen de la sílaba semilla: (1) luz blanca emerge como deidades blancas para pacificar o disipar enfermedades, aflicciones y obstáculos; (2) luz amarilla emerge como deidades amarillas para incrementar la longevidad, el mérito, la riqueza y las buenas cualidades de todos los seres; (3) luz roja emerge como deidades rojas para otorgar la capacidad de controlar y obtener poder, gloria, gran energía e influencia en beneficio de todos los seres; y, por último, (4) luz de color azul oscuro emerge como deidades azul oscuro para someter a los demonios, maras y obstáculos difíciles que obstaculizan la capacidad de los seres sensibles para alcanzar la iluminación.

Las luces y las deidades retornan y se disuelven de nuevo en nosotros, erradicando las aflicciones y los oscurecimientos hacia la iluminación. Nuestras realizaciones se fortalecen y adquirimos la capacidad de controlar nuestros aires internos y chakras: toda nuestra ignorancia y engaños desaparecen.

Estas dos visualizaciones pueden practicarse de forma consecutiva, recitando el mantra después de cada parte, o en conjunto, dejando la recitación del mantra al final.

Disolución

Toda la visualización se funde en luz y se disuelve en mí.

Para concluir la sesión de práctica, disolvemos todas las visualizaciones que hemos creado, incluyendo el entorno y las deidades de todo el mandala en Kalachakra Yab-Yum, luego Vishvamata se disuelve en Kalachakra, y Kalachakra se disuelve desde el contorno exterior hacia el centro, dejando el símbolo interior del mantra en el centro de su pecho. A continuación, el símbolo del mantra se disuelve hacia arriba, desde la base hasta el nadu. Luego, el nadu en la parte superior de este símbolo desaparece gradualmente en la vacuidad y permanecemos en este estado de conciencia abierta tanto tiempo como podamos.

De este modo, toda la visualización se disuelve y se funde con nuestro ser, como agua vertida en agua. A lo largo de esta práctica hemos de comprender claramente que Kalachakra y Vishvamata abrazados son, de hecho, nosotros mismos. Al disolver la visualización, simplemente reposamos en el reconocimiento de esta inseparabilidad.

Dedicación

Que por el poder de estas acciones virtuosas alcance rápidamente el estado de Kalachakra y lleve a todos los seres, sin excepción, al estado iluminado de Kalachakra.

Al igual que con las prácticas anteriores, terminamos dedicando el mérito para alcanzar rápidamente el estado de Kalachakra mediante la práctica de los Seis Yogas Vajra. Nuestro objetivo debe ser conducir a todos los seres al estado de iluminación de Kalachakra, en cuyo momento el rupakaya, el cuerpo de la forma de la iluminación, beneficiará espontáneamente a innumerables seres sensibles.

EL TESORO OCULTO

("La Escalera Divina: Prácticas Preliminares y Práctica Principal del Profundo Yoga Vajra de Kalachakra", compuesto por Drolwe Gonpo (Taranatha), describe cómo practicaban los grandes maestros del linaje tántrico Jonangpa y sus hijos de corazón, e incluye la esencia de todas las instrucciones puras del linaje.)

El autor de este texto es Taranatha, el gran maestro Jonang del siglo XVII, que fue a la vez un brillante erudito y un practicante muy realizado. Aquí se recopilan las instrucciones esenciales que los maestros del linaje tántrico transmitieron de generación en generación a sus discípulos de corazón. Los grandes practicantes del pasado practicaban de este modo, y deberíamos considerar como una enorme bendición tener la oportunidad de seguir sus pasos. En este punto, el texto principal ha concluido.

CAPÍTULO DIEZ

Aspiración Para Completar los Seis Vajra Yogas

Mediante la práctica de la etapa de generación del Kalachakra Innato, hemos fortalecido nuestra percepción pura, lo que nos permite utilizar mejor nuestra experiencia como base para darnos cuenta de la naturaleza última de la realidad. Con estos fundamentos, estamos ahora listos para adentrarnos en la práctica principal de la etapa de consumación de Kalachakra: los Seis Yogas Vajra.

Para poder practicar estos profundos métodos, es necesario recibir primero los *Cuatro Empoderamientos* Superiores de un Maestro Vajra de Kalachakra cualificado. También necesitamos recibir las instrucciones esenciales particulares sobre cómo practicar correctamente estas técnicas. Por esta razón, es vital que cultivemos una relación espiritual con un maestro auténtico que posea el linaje de estas instrucciones. Sin ellas, no habrá manera de progresar en este camino.

ༀ་ཨཿཧཱུྃ་ཧོཿཧྃཿཀྵཿ

De acuerdo con la tradición Jonang-Shambhala, lo ideal es que las prácticas de la etapa de consumación se enseñen de forma experiencial: el estudiante recibe primero instrucciones y luego emprende la práctica hasta dominar la técnica. A medida que el estudiante alcanza el nivel necesario de realización, el Maestro Vajra proporciona el siguiente conjunto de instrucciones. De este modo, el estudiante progresa paso a paso, lo que garantiza el logro de los resultados deseados.

Aunque éste es el método de práctica más tradicional, también se ha vuelto común practicar los seis yogas de forma intensiva a lo largo de un retiro de tres años. Muchos practicantes Jonang participan en este tipo de retiro a una edad temprana para poder establecer las conexiones necesarias con el Camino del Yoga Vajra. Después de familiarizarse con las prácticas, entran inmediatamente en un retiro largo o continúan aumentando su comprensión por medio del estudio para luego emprender un retiro más adelante.

Hasta que podamos participar en un retiro de este tipo, hemos de centrar nuestra atención en desarrollar la aspiración de practicar los Seis Yogas Vajra. La siguiente oración tiene por objeto reforzar nuestra conexión con este camino y ayudarnos a familiarizarnos con la estructura general de las prácticas.

LA PRELIMINAR PARTICULAR DE LOS TRES AISLAMIENTOS

Después de recibir los empoderamientos de la etapa de consumación, la primera práctica que se da es, en realidad, la última de las dos preliminares particulares conocida como los *Tres Aislamientos* (*Wen Sum* en tibetano). Esta particular práctica en un cuarto oscuro busca específicamente desarrollar la concentración no conceptual unipuntual necesaria para practicar auténticamente los Yogas Vajra. Esta práctica avanzada no está contenida en el texto raíz, ya que tradicionalmente se transmite directamente del Maestro Vajra al estudiante. A continuación, describiré brevemente los principales elementos de esta práctica para proporcionar una idea de su estructura y propósito.

Los Tres Aislamientos son esencialmente un método muy eficaz para desarrollar la mente de concentración unipuntual conocida como shamatha. Lo que hace que esta práctica sea tan singular es que combina una meditación profunda similar a las de las tradiciones de *Mahamudra* o *Dzogchen*, con una postura física potente que actúa directamente sobre el cuerpo energético sutil del practicante. Juntos, estos dos aspectos aíslan rápidamente el cuerpo, la palabra y la mente del meditador, y los vuelven flexibles y aptos para las prácticas yóguicas avanzadas. Podemos entender los resultados de esta práctica de la siguiente manera:

1. **Aislamiento del Cuerpo:** Mediante el uso de la postura física de los siete puntos particulares, las energías sutiles que están dispersas por todo el cuerpo se reúnen gradualmente y comienzan a fluir en el canal central. Cuando esto sucede, el cuerpo se vuelve flexible y capaz de meditar durante largos períodos de tiempo sin fatiga. Como el cuerpo físico ya no causa incomodidad al meditador, es posible absorber completamente la mente en la conciencia no conceptual.

2. **Aislamiento de la Palabra:** Cuando estamos apegados o somos prisioneros del habla ordinaria, nuestros aires internos circulan por los canales izquierdo y derecho. Este movimiento de energía trae consigo la proliferación de pensamientos conceptuales que sirven para enmascarar nuestra naturaleza primordial. Cuando descansamos en silencio, la circulación de energía se vuelve más lenta, haciendo que la mente conceptual se adormezca y permitiendo que se manifieste la mente no conceptual. A medida que nos familiarizamos con esta práctica, la respiración se vuelve extremadamente sutil y somos capaces de permanecer en silencio todo el tiempo que queramos, sin sentir aburrimiento ni experimentar otras dificultades.

3. **Aislamiento de la Mente:** Cuando estamos apegados o somos prisioneros de los pensamientos dualistas ordinarios, será imposible manipular eficazmente los aires sutiles. Al reposar en una mente libre de toda forma de aferramiento, dejamos de alimentar la proliferación indeseada de pensamientos. A su vez, esto permite que nuestros vientos sutiles se asienten aún más, hasta que alcanzamos una mente prístina gozosa, no conceptual e increíblemente lúcida.

Como estos tres componentes se encuentran tan estrechamente interconectados, al practicar todos ellos simultáneamente es posible alcanzar niveles extraordinarios de concentración en un periodo de tiempo relativamente corto. Si se hace correctamente, por lo general se requieren dos meses de práctica intensiva para alcanzar las realizaciones deseadas. Dicho esto, este período de tiempo depende enteramente de qué tan bien el practicante prepare su mente con las prácticas preliminares que hemos discutido previamente. Si cultiva cualidades como la paciencia y la determinación, con el tiempo su mente atravesará las cuatro etapas siguientes:

1. **Percepción:** En esta etapa, la mente es más consciente pero no puede permanecer concentrada en un punto durante mucho tiempo.

2. **Habituación:** Cuando surgen los pensamientos, estos se desvanecen espontáneamente, lo que permite que la mente permanezca concentrada en un punto sin esfuerzo.

3. **Estabilización:** Al seguir practicando, los pensamientos apenas surgen y la mente ya no se perturba ni pierde la concentración. De vez en cuando surgen pensamientos que luego desaparecen suavemente.

4. **Estabilización Perfecta:** La mente se vuelve tan hábil que puede elegir entre reposar en una quietud unipuntual espontánea o concentrarse sin distracción en un tema de análisis.

LA PRÁCTICA PRINCIPAL DE LOS SEIS YOGAS VAJRA

Con la práctica de los Seis Yogas Vajra, desarrollaremos la capacidad de vernos a nosotros mismos y a nuestro entorno como formas vacías no duales. Las prácticas iniciales en el cuarto oscuro se centran en familiarizarse con estas formas vacías y, después, mediante técnicas yóguicas especiales, combinamos las percepciones de la forma vacía con la conciencia y los aires internos. Cuando estos tres aspectos se integran plenamente, proporcionan la base para que dichos aires entren en el canal central y disuelvan las esencias sutiles que se localizan en diferentes puntos clave del cuerpo sutil. Posteriormente, estas esencias sutiles dan lugar a estados mentales cada vez más concentrados. Como resultado de esta práctica, se consigue la capacidad de detener por completo el flujo de todos los aires internos y disolver así la experiencia de un cuerpo material, hasta que lo único que queda es el cuerpo ilusorio de arcoíris en el punto de la iluminación.

No existe un texto raíz específico para la práctica de los Seis Yogas Vajra, ya que tradicionalmente se transmitían oralmente de maestro a discípulo. Debido a la naturaleza extremadamente avanzada de esta práctica, es necesario fortalecer nuestra aspiración hasta que llegue el momento en que seamos realmente capaces de controlar nuestro sistema energético sutil, o hasta que nuestro Maestro Vajra considere que estamos cualificados para comenzar.

OM AH HUM HO HANG KYA

Que mediante el poder de la naturaleza búdica corte cada movimiento conceptual en mi mente. Que al experimentar los diez signos y la luz clara, me adiestre en el camino del yoga de retraimiento. Ante ti, Lama, padre bondadoso, elevo estas súplicas. Supremos guías, herederos del sagrado linaje, bendíganme para lograrlo.

El mantra de seis sílabas que aparece al principio de esta estrofa simboliza tanto los seis chakras como las seis prácticas yóguicas. El poder de la naturaleza búdica se refiere al "Tathagatagarbha", el plano primordial o Buda natural que reside en el continuo de cada ser, gracias al cual se obtienen todas las cualidades iluminadas.

Los tres versos siguientes describen el primero de los Seis Yogas Vajra, conocido como *Retraimiento*. Esto incluye una práctica nocturna, que se lleva a cabo en un cuarto oscuro con los ojos bien abiertos, y una práctica diurna que consiste en enfocar la vista en el cielo azul despejado. Gracias a estas prácticas se corta el movimiento conceptual de la mente, ya que los diez aires internos que circulan por el cuerpo sutil se absorben en el canal central. Se experimentan los diez signos y la mente de luz clara, y estos se vuelven más fuertes, más claros y más estables. Cuatro de estos signos son objetos de la práctica nocturna, mientras que los seis restantes son objetos de la práctica diurna. A partir de estos diez signos, se desarrolla un "mundo interior" bastante independiente del mundo exterior. Sin embargo, en esta etapa, estos signos todavía se perciben como algo separado de la conciencia subjetiva de la mente.

Por último, como ésta es una oración de aspiración, hacemos súplicas al bondadoso Lama y a todos los herederos del linaje sagrado, ya que la práctica sólo puede llevarse a cabo con una conexión con el linaje de transmisión y devoción hacia el Lama.

Que mediante el poder de la naturaleza búdica mi palabra, mis aires internos y mi conciencia se vuelvan inamovibles. Que al aumentar mi sabiduría, junto con la alegría y el gozo del análisis, me adiestre en el camino del yoga de la estabilización meditativa. Ante tí, Lama, padre bondadoso, elevo estas súplicas. Supremos guías, herederos del sagrado linaje, bendíganme para lograrlo.

Esta estrofa se refiere al segundo de los Seis Yogas Vajra, conocido como *Estabilización meditativa*. A través de este yoga, la percepción de las formas vacías que se logró en la práctica anterior se une indivisiblemente con la conciencia de un perceptor interno, y por lo tanto nuestra palabra, nuestros aires internos y nuestra conciencia se vuelven inamovibles. Mientras que el primer yoga permite percibir las formas vacías de los diez signos como objetos de la mente, el segundo yoga permite que el practicante "mezcle" estos signos con la mente y experimente la alegría y el gozo del análisis (discernimiento especial). Antes, practicamos con la conciencia sensorial del ojo y las formas visuales, mientras que ahora practicamos con cada una de las conciencias sensoriales y sus objetos individualmente, incluídas las del sonido, olfato, gusto y tacto. En esta etapa, no se necesitan forzosamente un cuarto oscuro ni otras condiciones especiales.

Que mediante el poder de la naturaleza búdica los diez aires de lalana y rasana entren en avadhuti. Que funda la sílaba HANG (ཧཾ) mediante el fuego abrasador del tummo y me adiestre en el camino del yoga del control de la fuerza vital. Ante ti, Lama, padre bondadoso, elevo estas súplicas. Supremos guías, herederos del sagrado linaje, bendíganme para lograrlo.

El tercero de los Seis Yogas Vajra se conoce como el Control de la *fuerza vital*. Anteriormente, las formas vacías se mezclaban con la propia conciencia perceptiva. Estas dos se combinan ahora con los aires internos, de modo que no hay separación entre las tres entidades. Los diez aires de los canales izquierdo y derecho (lalana y rasana, respectivamente) se unen cuando entran en el canal central (avadhuti), lo que provoca que la circulación de los aires internos en los canales izquierdo y derecho cese. Esto se consigue concentrándose en el centro del ombligo, donde se experimenta el fuego abrasador del calor interno, conocido como tummo. A medida que la energía del canal central se intensifica, el calor se eleva y funde la sílaba HANG (ཧཾ) visualizada en la coronilla. A medida que la energía comienza a gotear hacia abajo, se genera una experiencia de gozo cada vez más intensa.

Que mediante el poder de la naturaleza búdica retenga la esencia blanca y la estabilice en mi frente. Que al experimentar el gozo inmutable mientras las esencias se funden, me adiestre en el camino del yoga de la retención. Ante ti, Lama, padre bondadoso, elevo estas súplicas. Supremos guías, herederos del sagrado linaje, bendíganme para lograrlo.

Esta estrofa se refiere al cuarto yoga, conocido como *Retención*. Durante la etapa anterior, el practicante es capaz de retener los fluidos corporales esenciales y con ello unir las formas vacías, la consciencia y los aires sutiles. Por medio de este yoga, estos tres elementos se integran entonces con las esencias fluidas sutiles indestructibles que se encuentran en los seis centros de los chakras sutiles. El practicante aprende a dirigir las esencias por el canal central, primero con las esencias blancas retenidas y estabilizadas en el chakra de la frente, y luego moviéndose de chakra en chakra. Al hacerlo, se experimentan aspectos de gran gozo. Este gozo aumenta a medida que las esencias sutiles continúan fundiéndose, dando lugar a lo que se conoce como los dieciséis aspectos del gozo.

Que mediante el poder de la naturaleza búdica todos mis chakras y canales se llenen con la esencia pura del gran gozo. Que al adquirir maestría sobre las tres consortes gloriosas, me adiestre en el camino del yoga del recogimiento. Ante tí, Lama, padre bondadoso, elevo estas súplicas. Supremos guías, herederos del sagrado linaje, bendíganme para lograrlo.

El quinto de los Seis Yogas Vajra se conoce como *Recogimiento*. En esta etapa, el practicante ha adquirido el control total del movimiento de las esencias sutiles, lo que le permite llenar los seis chakras por completo con la esencia pura del gran gozo. Para lograr la forma más poderosa de concentración, todas las esencias burdas y sutiles deben reunirse en la apertura inferior del canal central. Esto se consigue con la ayuda de tres tipos de consorte: una consorte física, una consorte visualizada y una gran consorte de forma vacía. Mediante las dos primeras es posible manifestar la tercera, que es la única consorte capaz de sostener el gozo inmutable que mora sin movimiento en el sentido definitivo.

Que mediante el poder de la naturaleza búdica los seis chakras de mi cuerpo sutil se llenen de la esencia blanca del supremo gozo inamovible. Que al adquirir maestría sobre la imperturbable mente no dualista, me adiestre en el camino del yoga de la absorción meditativa. Ante tí, Lama, padre bondadoso, elevo estas súplicas. Supremos guías, herederos del

ASPIRACIÓN PARA COMPLETAR LOS SEIS YOGAS VAJRA

sagrado linaje, bendíganme para lograrlo.

La etapa final de los Seis Yogas Vajra es la *Absorción Meditativa*. Tras haber desarrollado una absorción estable en el estado del supremo gozo inamovible, se avanza a lo largo de las doce etapas de absorción del bodhisattva. Al principio de este proceso, se alcanza el camino de la visión, durante el cual se experimenta directamente por primera vez la imperturbable mente no dualista de la sublime vacuidad con una perfecta concentración unipuntual. En este punto se alcanza una forma aproximada de Kalachakra, similar a la forma real de la deidad iluminada. Al permanecer en este estado de absorción, cada uno de los seis chakras se llena de abajo hacia arriba con la esencia blanca del gran gozo inmutable. A medida que se progresa el proceso, se avanza por el camino de la habituación o meditación. En total, se experimentan 21,600 momentos de gran gozo inmutable que purifican 21,600 impurezas, disuelven gradualmente los aires internos y extinguen los elementos del cuerpo material. Una vez que se han eliminado todos los oscurecimientos aflictivos y cognitivos, se alcanza la budeidad en la forma de la deidad Kalachakra co-emergente completamente realizada.

Que mediante el poder de la naturaleza búdica mi cuerpo nunca se separe de las posturas yóguicas. Que al emplazar mi mente en las profundas instrucciones esenciales del Dharma inequívoco, me adiestre en el camino de los Seis Yogas Vajra. Ante ti, Lama, padre bondadoso, elevo estas súplicas. Supremos guías, herederos del sagrado linaje, bendíganme para lograrlo.

Esta estrofa final es una oración de aspiración para completar el camino de los Seis Yogas Vajra. Hacemos oraciones para que nuestro cuerpo nunca se separe de las posturas yóguicas especiales y nuestra mente nunca se separe de las profundas instrucciones esenciales que nos ha dado nuestro Lama. En este contexto, las instrucciones esenciales son las instrucciones acerca de las posturas y las técnicas de meditación yóguica profunda que el Lama transmite oralmente, no por escrito.

Dedicación

Que gracias a esta virtud, todos los seres sin excepción abandonen por completo las actividades sin sentido del samsara, mediten correctamente en el supremamente significativo camino del yoga vajra y rápidamente alcancen el estado de Kalachakra.

Concluimos nuestra práctica de Kalachakra con una oración de dedicación, deseando que todos los seres abandonen las preocupaciones samsáricas sin sentido y en su lugar aprovechen al máximo la preciosa oportunidad que tienen de alcanzar la iluminación. En particular, deseamos que se conecten con el camino supremamente significativo del yoga vajra, tal como se presenta aquí en este texto, y que tengan la capacidad de meditar en los Seis Yogas Vajra y que, así, se revele rápidamente la iluminación de Kalachakra.

Que gracias a esta virtud, complete rápidamente los Seis Yogas Vajra y que conduzca a todos los seres sin excepción al estado iluminado de Kalachakra.

Esta segunda parte de la dedicación enfatiza nuestro deseo personal de completar los Seis Yogas Vajra, no sólo por nuestro propio bien, sino para conducir a todos los seres sin excepción al estado de iluminación de Kalachakra. Esto es también un recordatorio de que los Seis Yogas Vajra son una práctica Mahayana, gracias a la cual asumimos la responsabilidad personal de conducir a todos los seres a la iluminación. Esta intención es lo que determina el resultado de nuestra práctica.

Que gracias a esta virtud, todos los seres completen las aculaciones de mérito y sabiduría primordial y que gracias a estas dos acumulaciones alcancen los dos sagrados kayas de Buda.

Finalmente, dedicamos la virtud para que todos los seres completen las acumulaciones de mérito y sabiduría primordial, que son la causa para alcanzar el dharmakaya o cuerpo de la realidad de la iluminación, y los rupakayas o cuerpos de forma de la iluminación que se manifiestan espontáneamente para lograr el beneficio para los demás y, en este caso, surgen en la forma de la deidad Kalachakra.

CUARTA PARTE

Los Dos Yogas Del Guru Adicionales

— *Kunkyen Dolpopa Sherab Gyaltsen* —
El Rey del Dharma de la Gloriosa Tradición Jonang

CAPÍTULO ONCE

Yoga de Guru Dolpopa
*Lluvia de Bendiciones para los
Seis Yogas del Linaje Vajra*

En la tradición Jonang existen tres prácticas distintas del Yoga del Guru que se utilizan en el contexto del retiro tradicional de tres años: el Yoga del Guru Fundamental (descrito anteriormente en este texto), el Yoga de Guru Dolpopa y el Yoga de Guru Taranatha. Estas tres prácticas ofrecen un método poderoso para conectarnos con el linaje sagrado, ya que Dolpopa y Taranatha son considerados como las dos figuras más influyentes y extraordinarias de la tradición Jonang-Shambhala de Kalachakra.

Durante un retiro de este tipo, el Yoga del Guru se practica durante un máximo de tres semanas. En la primera semana se recita el Yoga de Guru Dolpopa, en la segunda se practica el Yoga de Guru Taranatha y en la tercera, el Yoga del Guru Fundamental. Estas profundas prácticas no son meras preliminares sino que también desempeñan un papel importante en la práctica de los Seis Yogas Vajra. Una vez que se ha completado la práctica preliminar del Yoga del Guru, se acostumbra recitar un Yoga del Guru durante cada sesión, a lo largo de las cuatro sesiones diarias. Primero recitamos el Yoga de Guru Dolpopa, seguido del Yoga de Guru Taranatha y terminamos con el Yoga del Guru Fundamental. Cuando completamos estos tres, volvemos a empezar el ciclo desde el principio.

LA PRÁCTICA DEL YOGA DE GURU DOLPOPA CON COMENTARIO

El Yoga de Guru Dolpopa lleva el título "Yoga del Guru: Lluvia de bendiciones para los Seis Yogas del linaje Vajra". Podemos considerar esta práctica como una lluvia de bendiciones, ya que las recitaciones y oraciones tienen por objeto llevarnos más allá de la mente ordinaria por medio de invocar las bendiciones de Dolpopa y de los demás maestros del linaje. Esto abre la puerta a las realizaciones tántricas ya que nos capacita para practicar auténticamente los Seis Yogas Vajra tal y como se han transmitido a través de este linaje. Los principios básicos y la estructura de esta práctica son los mismos que en el Yoga del Guru Fundamental descrito anteriormente en este comentario.

Visualización

Kunkyen Dolpopa aparece frente a nosotros en el aspecto de Vajradhara azul rodeado por todo el campo del mérito. Con la vista en nuestra dirección, su mirada está llena de gran amor.

En esta práctica, visualizamos el campo de mérito dos veces. Primero lo establecemos como la base sobre la cual tomaremos refugio y generaremos bodhicitta, y luego lo utilizamos como base para nuestra práctica del Yoga del Guru. Imaginamos que todo el campo de mérito se manifiesta instantáneamente en el espacio frente a nosotros. En el centro, Kunkyen Dolpopa, indivisible de Vajradhara, está sentado en un trono de león. Una vez que hemos establecido la visualización, procedemos a tomar refugio:

NAMA SHRI KALACHAKRAYA

Con una mente llena de devoción pura, me refugio en el Lama, el yidam y las Tres Joyas.
(repetimos estos versos tres veces)

"Nama" es una expresión de homenaje y "shri" significa glorioso. "Con una mente llena de devoción pura, me refugio..." significa que nuestra mente está clara y llena de alegría, gratitud e inspiración. Esta fe también debe ser entusiasta y segura, con plena confianza en el Lama, el yidam y las Tres Joyas.

YOGA DE GURU DOLPOPA

¡Generaré amor, compasión, alegría y ecuanimidad inconmensurables hacia todos los seres!
¡Practicaré con diligencia este profundo camino del Yoga del Guru para el beneficio de todos los seres!

A continuación, despertamos la aspiración altruista de la bodhicitta cultivando primero los cuatro inconmensurables — amor, compasión, alegría y ecuanimidad — y aspirando a alcanzar la iluminación completa por el beneficio de los seres. Después, fortalecemos nuestra determinación generando la bodhicitta aplicada, haciendo oraciones para que podamos practicar el profundo camino del Yoga del Guru por el bien de todos los seres.

Que las apariencias impuras de los mundos y seres de todos los universos se disuelvan por completo en la vacuidad libre de concepciones.

Una vez más, disolvemos todo el campo de méritos en la vacuidad como una forma de recordarnos su verdadera naturaleza. Dejamos que todas las apariencias impuras y temporales se fundan de nuevo en el estado no dual, volviéndose como el reflejo de la luna en un lago.

Sobre mi coronilla, sentado en un trono de joyas, sobre un asiento de cinco capas de loto, luna y demás, aparece mi Lama raíz como el gran Vajradhara. Su cuerpo es de color azul, tiene un rostro y dos brazos.

Ahora volvemos a construir el campo de méritos visualizando a nuestro Lama raíz en la forma de Vajradhara, con un cuerpo azul, un rostro y dos brazos. Permanece sobre nuestra coronilla sentado en un trono, que se apoya en un asiento de cinco capas: un loto verde, un disco blanco de luna, un disco rojo de sol, un disco negro de Rahu y un disco amarillo de Kalagni. Cada una de estas capas tiene un significado espiritual: el loto significa pureza, el disco lunar simboliza el estado de vigilia, el disco solar simboliza el estado de sueño, el disco de Rahu simboliza el estado de sueño profundo y el disco de Kalagni simboliza el estado de sabiduría primordial. En conjunto, abarcan la totalidad de nuestra experiencia y la base sobre la que comprendemos la naturaleza última de la realidad.

Aunque las instrucciones indican que visualicemos a Vajradhara, en esta práctica es más habitual visualizar a nuestro Lama raíz en la forma de Dolpopa. Sin embargo, podemos optar por visualizar la forma de Vajradhara mientras recordamos las cualidades del omnisciente Dolpopa. Como esta práctica fue compuesta por Dolpopa, no especifica el uso de su forma en la visualización; esta instrucción se añadió posteriormente para honrar la contribución de Dolpopa al linaje y conectar con su presencia espiritual.

Con sus dos piernas se sienta en la postura vajra. Viste exquisitos ropajes de sedas multicolor, majestuoso, adornado con joyas preciosas y ornamentos de hueso. Sostiene un vajra y una campana cruzados en el corazón.

Aquí se dan más detalles sobre la forma visualizada de Vajradhara, cuya naturaleza es inseparable de nuestro Lama raíz y Dolpopa. Está sentado en el trono en postura de vajra (loto completo) y viste ropajes de seda, joyas y adornos de hueso, que simbolizan aspectos particulares de la realidad iluminada. El vajra y la campana cruzados en su corazón simbolizan la unión de la compasión y la sabiduría indestructibles.

Los cuatro centros de su cuerpo están marcados con las cuatro sílabas. Rayos de luz se irradian desde la sílaba HUNG (ཧཱུྃ) en su corazón, invocando a todos los Lamas raíz y de linaje junto con todo el campo de refugio.

DZA (ཛཿ) HUNG (ཧཱུྃ) VAM (བཾ) HO (ཧོཿ)
Se vuelven inseparables.

En la frente de Dolpopa aparece una sílaba OM (ༀ), en la garganta AH

(ཨཿ), en el corazón HUNG (ཧཱུྃ) y en el ombligo HO (ཧོཿ). Del HUNG situado en el corazón se irradian rayos de luz en todas direcciones. Cuando pronunciamos la sílaba DZA, esta luz adquiere el poder de todos los Lamas raíz y de linaje. Cuando pronunciamos la sílaba HUNG, se reúne en la coronilla de Vajradhara. Con VAM se disuelve en Vajradhara y con HO se hace inseparable de su presencia iluminada. Hemos de recordar que Vajradhara, Dolpopa y todos los Lamas del linaje, incluido nuestro precioso Lama raíz, son todos de una naturaleza inseparable.

Súplicas al Lama

Estás ornamentado con las marcas y los signos inmutables y perfectos. Tu voz incesante de Brahma se proclama en las diez direcciones. Resides en la mente inequívoca del Gran Sello. Precioso Lama, ante tu cuerpo, palabra y mente rindo homenaje.

Con esta estrofa comenzamos las oraciones de súplica al Lama alabando las maravillosas cualidades de su cuerpo, palabra y mente. Las marcas y signos inmutables de su cuerpo se refieren a las treinta y dos marcas mayores y ochenta signos menores de un Buda, mientras que la voz incesante de Brahma se refiere al habla agradable, bella y melodiosa de los dioses del reino de las formas sutiles. La mente inequívoca del Gran Sello se refiere a la cualidad inmutable de la mente iluminada, que es como el sello de un rey en el sentido de que no puede alterarse. El Gran Sello también hace referencia al Mahamudra último: la realización directa del significado definitivo.

Me postro ante ti, encarnación de los treinta y seis Tathagatas, que se revela cuando los treinta y seis agregados se purifican completamente gracias a la práctica de los Seis Yogas Vajra, como el retraimiento y demás.

Esta estrofa es el comienzo de la práctica de ofrecimiento de las siete ramas en la cual nos postramos o rendimos homenaje al Lama como encarnación de los treinta y seis Tathagatas. En el Tantra de Kalachakra hay seis familias de budas que representan cada uno de los *seis agregados:* (1) el agregado de la forma es Vairochana, (2) el agregado de la sensación es

Ratnasambhava, (3) el agregado de la discriminación es Amitabha, (4) el agregado de los factores de composición es Amoghasiddhi, (5) el agregado de la consciencia es Akshobhya y (6) el agregado de la sabiduría primordial es Vajrasattva.

Los seis bodhisattvas representan las *seis facultades sensoriales:* (1) la facultad sensorial del oído es Vajrapani, (2) la facultad sensorial de la nariz es Khagarba, (3) la facultad sensorial del ojo es Kshitigarba, (4) la facultad sensorial de la lengua es Lokeshvara, (5) la facultad sensorial del cuerpo es Sarvanivarana y (6) la facultad sensorial de la mente es Samantabhadra. Cuando estos bodhisattvas se combinan con los budas, llegamos a un total de treinta y seis combinaciones. Por ejemplo, en el caso de Akshobhya, tenemos Vajrapani-Akshobhya, Khagarba-Akshobhya, Kshitigarba-Akshobhya, Lokeshvara-Akshobhya, Sarvanivarana-Akshobhya, Samantabadra-Akshobhya. Estos seis representan la perfecta purificación del agregado de la conciencia a través de las seis facultades sensoriales, de acuerdo con los métodos de meditación que se encuentran en los seis yogas vajra. El resto de las cinco familias de budas debe entenderse de la misma manera.

Con alegría y una intención pura, ofrezco inconcebibles océanos de ofrendas de Samantabhadra incluídas las virtudes de cuerpo, palabra y mente reunidas durante los tres tiempos.

Esta estrofa hace referencia a la segunda parte del ofrecimiento de las siete ramas, durante la cual generamos un número inconcebible de objetos de ofrenda visualizados para el Lama y las Tres Joyas, con la pura intención de desear la liberación de todos los seres. Esto incluye no sólo objetos físicos, sino también las virtudes del cuerpo, la palabra y la mente reunidas en el pasado, el presente y el futuro.

Samantabhadra hace referencia al Buda primordial que habita en la extensión ilimitada del dharmakaya, y "ofrendas de Samantabhadra" es una forma de describir la naturaleza ilimitada y omnipresente de nuestras ofrendas. En la tradición de Kalachakra podemos imaginar doce dakinis que hacen ofrendas. Del corazón de cada diosa surgen doce diosas de ofrendas más. Continúan multiplicándose de esta manera, con cada diosa emanando más diosas hasta que se vuelven de un número ilimitado.

Confieso abiertamente todas las negatividades que he acumulado mediante cuerpo, palabra y mente, y ruego que sean purificadas.
¡Me regocijo en toda virtud! ¡Te solicito de todo corazón que gires sin cesar la rueda del Dharma!
¡Te imploro que permanezcas para siempre en el samsara por el bien de todos los seres!

El ofrecimiento de las siete ramas continúa con la confesión de todas las negatividades acumuladas por acciones dañinas de cuerpo, palabra y mente. Hacemos oraciones para que podamos purificarlas y tomamos la firme resolución de no repetirlas en el futuro. A continuación, multiplicamos nuestro mérito regocijándonos en nuestras propias virtudes y las de todos los seres sensibles. Aunque la compasión del Lama es infinita, sólo dará enseñanzas si le solicitamos sinceramente que haga girar la rueda del Dharma. Aunque en realidad el Lama está más allá de la vida y la muerte, le imploramos que permanezca para siempre en el samsara sin pasar al parinirvana por el bien de todos los seres.

Has completado las tres acumulaciones y atravesado los doce caminos y eres el principal de todos los sostenedores del vajra, Glorioso Lama cuya naturaleza es inseparable de los cuatro kayas de Buda, te suplico, concédeme tus bendiciones.

Como el Lama es la encarnación de todos los budas, su naturaleza es inseparable de los *Cuatro Kayas de Buda:* (1) el cuerpo de naturaleza, svabhavikakaya, (2) el cuerpo de sabiduría-verdad, dharmakaya, (3) el cuerpo de deleite, sambhogakaya y (4) el cuerpo de emanación, nirmanakaya. Como es la encarnación de todos los maestros que transmiten las profundas enseñanzas tántricas, es el principal de todos los sostenedores del vajra. Las *Tres Acumulaciones* se refieren a (1) la generosidad, (2) la gran concentración y (3) la sabiduría, mientras que los doce caminos se refieren a etapas de logro específicas en el camino de Kalachakra, que corresponden al agotamiento de los componentes materiales del cuerpo y sus energías en los seis centros-chakras.

Meditando unipuntualmente en la sabiduría primordial no dual has logrado transformar los ocho objetos de la concepción dualista. Glorioso Lama dotado de las cinco sabidurías, te suplico, concédeme tus bendiciones

Las Cinco Sabidurías de un Buda se revelan a medida que se purifican los *cinco agregados*. Estas son: (1) la sabiduría del espacio que todo lo abarca, (2) la sabiduría similar a un espejo, (3) la sabiduría de la ecuanimidad, (4) la sabiduría de la discriminación y (5) la sabiduría que todo lo logra. Los ocho objetos de la concepción dualista son los objetos de las ocho formas de conciencia: (1) colores y formas, (2) sonidos, (3) olores, (4) sabores, (5) sensaciones táctiles, (6) fenómenos mentales, (7) concepciones falsas y (8) el sustrato (alaya). Cuando se han purificado, se experimentan como las ocho bodhisattvas. No obstante, todo esto se purifica mezclando nuestra conciencia con el glorioso Lama que mora en la sabiduría primordial no dual.

Liberas y haces madurar a los discípulos afortunados mediante los doce logros empoderados de la generación y consumación, Glorioso Lama cuya actividad iluminada es una con la de todos los Lamas, te suplico, concédeme tus bendiciones.

Como el Lama encarna a todos los maestros, la actividad compasiva del Lama es una con la actividad de todos los Lamas y conduce a la liberación y maduración espiritual de todos sus discípulos afortunados. El alcance de esta actividad compasiva aumenta a medida que se progresa a lo largo de los doce logros empoderados de las etapas de generación y consumación. Estos doce logros se producen durante la práctica del sexto yoga vajra, conocido como Absorción Meditativa, y corresponden al agotamiento de los componentes materiales del cuerpo y sus energías en los seis centros-chakras. Para alcanzar cada uno de estos logros se necesitan los empoderamientos de innumerables Budas.

Tus agregados son las seis familias de Buda, tus elementos son los ocho bodhisattvas, tus brazos, piernas y demás son la asamblea de deidades coléricas. Glorioso Lama, que eres uno con todos los yidams, te suplico, concédeme tus bendiciones.

En esta estrofa le suplicamos al Lama como la encarnación de todos los yidams, las deidades iluminadas pacíficas y coléricas que son la fuente de todos los logros tántricos. Como se ha mencionado anteriormente, las seis familias de Buda son el aspecto puro de los seis agregados. Los ocho Bodhisattvas son el aspecto puro de las ocho facultades sensoriales, mientras que la asamblea de deidades coléricas son el aspecto puro de las *cinco facultades de acción:* (1) la facultad de la boca, (2) la facultad del brazo, (3) la facultad de la pierna, (4) la facultad del ano y (5) la facultad suprema.

Perfeccionaste las dos acumulaciones, tu esencia es el cuerpo de la verdad. y manifiestas innumerables emanaciones para el beneficio de los seres. Glorioso Lama, eres uno con todos los Budas, te suplico, concédeme tus bendiciones.

Ahora elevamos súplicas al Lama como encarnación de todos los budas. Su naturaleza es inseparable del dharmakaya, el magnífico cuerpo de la verdad. Puesto que ha perfeccionado las dos acumulaciones de sabiduría y mérito, es capaz de manifestar innumerables cuerpos de emanación en beneficio de los seres. Gracias a esta acumulación de sabiduría y mérito, ha revelado los *Dos Kayas de Buda:* (1) el cuerpo de la realidad de la iluminación, el dharmakaya, y (2) los infinitos cuerpos de la forma, rupakaya.

Te manifiestas como las enseñanzas y los textos de sentido último que nos conducen a la inexpresable verdad profunda. Glorioso Lama, eres uno con todos los Dharmas inmaculados, te suplico, concédeme tus bendiciones.

En esta estrofa consideramos que el Lama es la encarnación de todos los dharmas inmaculados, que incluyen las 84,000 enseñanzas de Buda que sirven de remedio para todas las aflicciones mentales concebibles. Entre éstas se incluyen las enseñanzas y textos de significado último, es decir, aquellas enseñanzas cuya interpretación es definitiva, especialmente las enseñanzas del tercer giro que describen la realidad inconcebible de la naturaleza búdica y constituyen la base de la invencible Visión Zhentong de Dolpopa. Las palabras y la exposición de estas enseñanzas y textos nos conducen a la experiencia directa de la inexpresable verdad profunda, del mismo modo que un dedo puede señalar la luna aunque no sea la luna misma.

Señor de los Diez Niveles del Bodhisattva, con liberación y logro completos, inmaculado amigo virtuoso y refugio protector para todos los seres. Glorioso Lama, eres uno con todos los señores de la Arya Sangha, te suplico, concédeme tus bendiciones.

Ahora suplicamos al Lama como encarnación de los grandes señores de la Arya Sangha, los inmaculados amigos virtuosos que nos asisten en nuestro camino espiritual. Estos son seres nobles cuyo progreso hacia la Budeidad es irreversible gracias al poder de su mérito y sabiduría, y que han entrado en el camino de la visión, en el cual se percibe directamente la verdadera naturaleza vacía de la realidad. Este proceso se desarrolla en diez etapas conocidas como los diez niveles del bodhisattva, durante las cuales se superan oscurecimientos cada vez más sutiles y se perfeccionan cualidades como la generosidad y la paciencia. La liberación y logro completos se refieren a la liberación del renacimiento en el samsara, que se consigue en el camino de la visión y el logro de la visión bodhisattva de la vacuidad.

Destructor de todos los enemigos y obstáculos mediante el método de la esencia del gran gozo, la compasión libre de dualidad. Glorioso Lama, eres uno con todos los protectores del Dharma, te suplico, concédeme tus bendiciones.

Aquí consideramos al Lama como la encarnación de todos los protectores del dharma que destruyen a todos los enemigos y obstáculos. Se trata de seres mundanos o iluminados que adoptan una forma colérica. Su función es proteger las enseñanzas de Buda para que no se debiliten o distorsionen y ayudar a los practicantes auténticos a superar los enemigos y los obstáculos externos e internos. Los obstáculos externos incluyen la mala salud u otras circunstancias que impiden la práctica, mientras que albergar puntos de vista distorsionados o verse arrastrado por actividades distractoras se consideran obstáculos internos. La compasión libre de dualidad se refiere al tipo de compasión que es consciente de la naturaleza ilusoria de todos los fenómenos y, por tanto, no está sujeta a expectativas o aferramientos.

Tú concedes los logros supremos y los comunes pues dominas las acciones de pacificación, incremento, control y sometimiento. Glorioso Lama, eres el origen de todos los siddhis, te suplico, concédeme tus bendiciones.

Ahora suplicamos al Lama como el origen de todos los siddhis, ya que es gracias a seguir sus instrucciones que podemos alcanzar tanto los logros comunes como los supremos. Los logros comunes se refieren a habilidades sobrenaturales como la clarividencia y los poderes milagrosos, mientras que los logros supremos corresponden al logro de cualidades iluminadas. Los cuatro poderes sublimes de un Buda son: (1) pacificación, (2) incremento, (3) control y (4) sometimiento. Estos son los medios por los cuales un Buda realiza espontáneamente actividades que aportan beneficios ilimitados a los seres. Como practicantes del Vajrayana, nos estamos adiestrando para ver que todo lo que el Lama hace o dice es una expresión de estos cuatro poderes, a medida que aprendemos a percibirlo como un Buda viviente.

Aclaras los puntos de vista erróneos componiendo, debatiendo y explicando todos los sutras, los tantras, las instrucciones esenciales y los tratados. Glorioso Lama, que disipas la oscuridad de la ignorancia, te suplico, concédeme tus bendiciones.

En esta estrofa suplicamos al Lama en el aspecto de un maestro de Dharma perfecto que disipa la oscuridad de la ignorancia y los puntos de vista erróneos. Lo hace componiendo textos, entablando debates para refutar puntos de vista erróneos, explicando las palabras de Buda tal y como se presentan en los sutras y tantras haciendo referencia a tratados o comentarios auténticos y, por último, transmitiendo las instrucciones esenciales o consejos del corazón, que son las instrucciones orales clave que se transmiten a través del linaje.

Que desde hoy pueda seguirte, Lama, como una sombra, para beber el néctar de tus instrucciones esenciales sobre el significado profundo. Glorioso Lama, ¡ruego tus bendiciones para lograrlo!

Esta estrofa es una declaración de nuestra firme resolución de seguir las preciosas instrucciones del Dharma del Lama, que conducen a la profunda verdad de la vacuidad. Como este Dharma es tan valioso, también nos comprometemos a hacer ofrendas y servir al Lama, siguiéndolo como una sombra. Al fortalecer nuestra conexión con el Lama de este modo, podemos acumular méritos, lo que nos colocará en una mejor posición para comprender el profundo significado de sus enseñanzas.

Que tras abandonar los medios de vida erróneos e impuros, saboree el néctar del Dharma y lo practique sin consideración por la comida, la ropa y los lujos. Glorioso Lama, ¡ruego tus bendiciones para lograrlo!

Ahora nos comprometemos a desarrollar una auténtica mente de renuncia jurando practicar el Dharma sin tener en cuenta la comida, la ropa y los lujos. Esta promesa está respaldada por nuestro abandono de los estilos de vida erróneos e impuros, que incluyen cualquier actividad que implique dañar la vida, engañar, robar, mentir u otras formas de conducta inmoral.

Que gracias a permanecer en un sitio aislado, logre la concentración unipuntual sobre el significado profundo y alcance el gran sello de la liberación en esta misma vida. Glorioso Lama, ¡ruego tus bendiciones para lograrlo!

Tras haber establecido la mente de la renuncia, ahora nos comprometemos a simplificar nuestra vida y sentirnos satisfechos de habitar en un sitio aislado donde las condiciones sean propicias para desarrollar una buena concentración unipuntual meditando intensamente sobre el significado profundo del Dharma. Con este tipo de dedicación podemos aspirar a alcanzar en una sola vida el gran sello de la liberación o el resultado final de la Budeidad.

*Que torne mi mente hacia las cuatro sílabas en los chakras del cuerpo del Lama
como los cuatro kayas de todos los Budas.
Que pueda recibir los cuatro empoderamientos concentrándome en ellas
Glorioso Lama, ¡ruego tus bendiciones para lograrlo!*

Esta estrofa es una oración de aspiración para recibir los cuatro empoderamientos del Lama. Estos cuatro empoderamientos se reciben al concentrarse en las cuatro sílabas situadas en los cuatro chakras principales del cuerpo del Lama: la frente, la garganta, el corazón y el ombligo. Con cada uno de estos empoderamientos se despiertan los cuatro kayas búdicos dentro del propio continuo mental: el nirmanakaya, el sambhogakaya, el dharmakaya y el svabhavikakaya.

Los Cuatro Empoderamientos

De la OM (ॐ) en la frente de mi Lama, brota una OM (ॐ) blanca que se disuelve en mi propio chakra de la frente. Que mediante este poder reciba el empoderamiento de la vasija. Glorioso Lama, ¡ruego tus bendiciones para lograrlo!

Del mismo modo que en el Yoga del Guru Fundamental, ahora recibimos los cuatro empoderamientos. Comenzamos con el empoderamiento de la vasija, que se produce cuando la OM que visualizamos en la frente del Lama emana una luz blanca deslumbrante y se disuelve en nuestro chakra de la frente.

Que al purificar los oscurecimientos del cuerpo y del estado de vigilia, experimente las cuatro alegrías y alcance el cuerpo de emanación del cuerpo vajra. Glorioso Lama, ¡ruego tus bendiciones para lograrlo!

Este empoderamiento de la vasija purifica nuestros oscurecimientos del cuerpo, acumulados mediante acciones negativas como robar y demás, así como los oscurecimientos del estado de vigilia, período en el que el chakra de la frente está más activo. Las cuatro alegrías se experimentan cuando los fluidos corporales burdos se refinan y se vuelven cada vez más sutiles en cada uno de los cuatro chakras principales. Este proceso también destruye la negatividad o los oscurecimientos que forman "nudos" alrededor de estos chakras. Además, con este empoderamiento alcanzamos el cuerpo de emanación vajra indestructible, o el aspecto nirmanakaya de nuestra naturaleza búdica.

De la AH (ཨཱཿ) en la garganta de mi Lama, brota una AH (ཨཱཿ) roja que se disuelve en mi propio chakra de la garganta. Que mediante este poder reciba el empoderamiento secreto. Glorioso Lama, ¡ruego tus bendiciones para lograrlo!

A continuación, recibimos el empoderamiento secreto a medida que deslumbrantes rayos de luz roja brotan de la sílaba AH en la garganta del Lama y se disuelven en nuestro chakra de la garganta.

Que al purificar los oscurecimientos de la palabra y del estado de sueño, experimente las cuatro alegrías excelentes y alcance el cuerpo de deleite de la palabra vajra. Glorioso Lama, ¡ruego tus bendiciones para lograrlo!

Este empoderamiento purifica los oscurecimientos de la palabra relacionados con las mentiras, las palabras hirientes, etc. También purifica los oscurecimientos del estado de sueño, que está asociado con el chakra de la garganta y determina nuestra capacidad para llevar a cabo prácticas como el yoga del sueño. Las cuatro alegrías excelentes se experimentan a medida que los fluidos sutiles o esencias se refinan aún más, y alcanzamos el cuerpo de deleite de la palabra vajra, que es el aspecto sambhogakaya de nuestra naturaleza búdica.

De la HUNG (ཧཱུྃ) en el corazón de mi Lama, brota una HUNG (ཧཱུྃ) negra que se disuelve en mi propio chakra del corazón. Que mediante este poder reciba el empoderamiento de la sabiduría primordial. Glorioso Lama, ¡ruego tus bendiciones para lograrlo!

Ahora recibimos el empoderamiento de la sabiduría primordial a medida que deslumbrantes rayos de luz negra brotan de la sílaba HUNG en el corazón del Lama y se disuelven en nuestro chakra del corazón.

Que al purificar los oscurecimientos de la mente y del estado de sueño profundo, experimente las cuatro alegrías supremas y alcance cuerpo dharmakaya de la mente vajra. Glorioso Lama, ¡ruego tus bendiciones para lograrlo!

Este empoderamiento purifica los oscurecimientos de la mente relacionados con la lujuria, los puntos de vista erróneos, entre otros, y también purifica los oscurecimientos del estado de sueño profundo, que está asociado con el chakra del corazón. Las cuatro alegrías supremas se experimentan como un refinamiento aún más sutil de las esencias, que tiene lugar en los cuatro chakras. De este modo alcanzamos el cuerpo dharmakaya de la mente vajra, que es el aspecto dharmakaya nonato de nuestra naturaleza búdica.

De la HO (ཧོཿ) en el ombligo de mi Lama, brota una HO (ཧོཿ) amarilla que se disuelve en mi propio chakra del ombligo. Que mediante este poder reciba el sagrado cuarto empoderamiento. Glorioso Lama, ¡ruego tus bendiciones para lograrlo!

Por último, recibimos el cuarto empoderamiento sagrado a la vez que deslumbrantes rayos de luz amarilla brotan de la sílaba HO en el ombligo del Lama y se disuelven en nuestro chakra del ombligo.

Que al purificar las huellas y manchas del apego, experimente las cuatro alegrías innatas sabiduría primordial vajra de la vacuidad gozosa. Glorioso Lama, ¡ruego tus bendiciones para lograrlo!

Este empoderamiento purifica las huellas más sutiles de apego que se almacenan en la conciencia fundamental y subyacen a todas las demás tendencias negativas del cuerpo, la palabra y la mente. Las cuatro alegrías innatas se experimentan por medio del refinamiento más sutil de las esencias, y alcanzamos la sabiduría primordial vajra de la vacuidad gozosa, que es el aspecto svabhavikakaya de nuestra naturaleza búdica y representa la inseparabilidad de los tres kayas.

Disolución

El Lama sobre mi coronilla se funde en la luz y se disuelve en mí de modo inseparable. Por favor, permanece firme en el centro del loto de ocho pétalos en mi corazón y concédeme tus bendiciones.

Al igual que en el Yoga del Guru Fundamental, terminamos la práctica disolviendo la visualización y reconociendo que el Lama último no es otro más que nuestra propia mente. Para ello, observamos cómo el Lama en nuestra coronilla se funde en luz y desciende por nuestro canal central hasta el centro de un loto de ocho pétalos en nuestro corazón. Simplemente observamos la inseparabilidad del Lama y nuestra propia mente. Permanecemos en este estado natural tanto tiempo como podamos. Cuando la mente comience a agitarse de nuevo, podemos continuar con nuestras oraciones y súplicas.

Dedicación

Que gracias a esta práctica, yo y todos los seres purifiquemos las máculas de nuestro continuo mental y alcancemos rápidamente la esencia del Tathagata. Glorioso Lama, ¡ruego tus bendiciones para lograrlo!

Para concluir, dedicamos el mérito para el beneficio último de los demás. En este caso, rezamos para que todos los seres purifiquen todas las impurezas y obstáculos que les impiden reconocer la realidad de su naturaleza búdica. Rezamos también para que alcancen rápidamente la esencia del Tathagata, en cuyo momento se revela por completo el fundamento de nuestro verdadero ser, el Tathagatagharba.

Que no surjan en mí visiones erróneas, ni siquiera por un instante, con respecto a las acciones del glorioso Lama, y que gracias a considerar todas sus acciones como puras pueda recibir las bendiciones del Lama en mi corazón.

Con esta aspiración, oramos para no perder nunca de vista el hecho de que todas las apariencias que experimentamos no son más que meras expresiones de la sabiduría primordial del glorioso Lama. Es mediante el entendimiento de la naturaleza de estas apariencias como alcanzamos la liberación. Con esta comprensión, nos esforzamos por practicar la percepción pura que ve todas las acciones del Lama como oportunidades para desarrollar realizaciones.

Que en todas mis vidas, nunca me separe de mi glorioso Lama y siempre disfrute de la alegría de practicar el magnífico dharma. Que por completar las cualidades de los planos y caminos, alcance rápidamente el estado de Vajradhara.

Concluimos la práctica con la oración para nunca separarnos del Lama, ya sea en forma de nuestro maestro convencional o como nuestra naturaleza última. Rezamos para que nunca nos separemos de nuestra práctica del precioso Dharma, de modo que podamos continuar nuestro viaje hacia la iluminación, atravesar los diez planos o bhumis del bodhisattva que establecen los cinco caminos y finalmente alcanzar el estado de iluminación completa de Vajradhara.

— *Jetsun Taranatha Drolway Gonpo* —
El Gran Maestro Rimé que preservó la pureza de la Tradición Jonang.

CAPÍTULO DOCE

Yoga de Guru Taranatha
El Ancla para Recolectar Siddhis

El Yoga de Guru Taranatha es la tercera de las tres prácticas de Yoga del Guru en la tradición Jonang, y es la más breve de ellas. Se titula *"El Ancla para Recolectar Siddhis"*, ya que es una práctica fundamental o raíz (un "ancla") para alcanzar la realización espiritual. El término "siddhis" se refiere tanto a los logros espirituales ordinarios, como la clarividencia o los poderes milagrosos, como al logro supremo de la iluminación. Sólo podemos desarraigar nuestras aflicciones mentales con la realización iluminada, y es por eso que se le considera suprema.

Como Taranatha fue una figura extraordinaria en el linaje de Kalachakra de la tradición Jonang, este Yoga del Guru nos da la oportunidad de conectar con su presencia espiritual y así establecer un vínculo con todos los seres iluminados. En los monasterios Jonang de la actualidad, este Yoga del Guru se realiza en la segunda semana de un período intensivo de tres semanas de práctica de Yoga del Guru. Deberíamos recordar siempre que el Yoga del Guru es una práctica fundamental que nos permite desarrollar nuestra conexión no sólo con el linaje, sino, lo que es más importante, con la esencia misma del corazón de la práctica tántrica: nuestra naturaleza búdica primordialmente presente. Es esta realización la que nos permitirá hacer de nuestra práctica de los Seis Yogas Vajra una causa eficaz para alcanzar la iluminación.

LA PRÁCTICA DEL YOGA DE GURU TARANATHA CON COMENTARIO

Los principios básicos y la estructura de esta práctica son los mismos que los detalles del Yoga del Guru Fundamental descritos anteriormente. Lo más importante es recordar que, en última instancia, el Lama es el aspecto de sabiduría de nuestra propia mente, y el acto de elevar oraciones y súplicas al Lama externo es en realidad un método hábil para ayudarnos a ver esta sabiduría interior.

Visualización

Rindo ferviente homenaje ante los sagrados pies del glorioso Lama. Todos los fenómenos son meras apariencias de la mente. La propia mente es de naturaleza clara, vacía e inexpresable. Cualesquiera que sean las diversas apariencias que surgen incesantemente, éstas jamás se separan de la autocognición ni por un momento.

Este Yoga del Guru comienza rindiendo homenaje o postrándose ante el glorioso Lama, que es la encarnación de todos los budas y nuestra conexión personal con la iluminación. A continuación se describe la vacuidad de la verdad relativa, afirmando que todos los fenómenos relativos son meras apariencias dentro de la mente. Sin embargo, la verdad última de nuestra mente búdica no está vacía de sí, sino que es clara y vacía. Todo lo que percibimos es, por tanto, un despliegue de las proyecciones de la mente y no la verdadera naturaleza de la mente misma.

OM SHUNYATA JÑANA VAJRA SVABHAVA ATMAKHO HUNG

Con este mantra, todos los fenómenos relativos se disuelven en el estado de la vacuidad (SHUNYATA), y aparecen como el reflejo de la luna sobre el agua en calma. A diferencia de los mantras anteriores, este mantra indica algo más que la mera vacuidad, ya que hace mayor énfasis en su aspecto de "plenitud": la realidad de la naturaleza búdica como fundamento de nuestro ser.

Mi mente en su estado natural es el reino puro de Akanishta. En el centro de este reino se encuentra un palacio celestial, y en él, sobre un loto, un disco solar y un disco lunar que reposan sobre un trono de león, se sienta mi glorioso y bondadoso Lama raíz.

Después de dejar reposar la mente en su estado natural durante un rato, comenzamos a visualizar un palacio radiante en el centro de Akanishta, el reino puro del cuerpo de deleite o samboghakaya. En el centro de este palacio, el glorioso Lama raíz está sentado sobre un loto, un disco solar y un disco lunar que reposan sobre un trono de león en el espacio ante nosotros. Esto simboliza su majestuosidad, pureza, sabiduría y compasión.

Como una majestuosa e inconmensurable montaña dorada que resplandece con cien mil rayos de sol, mi glorioso Lama luce complacido conmigo y me sonríe.

El Lama luce radiante y nos sonríe, como diciendo "bien hecho". La forma del Lama no se especifica aquí, por lo que podemos visualizarlo como Vajradhara o, en su lugar, en la forma de Taranatha o incluso en la forma física de nuestro Lama raíz. En cualquier caso, su naturaleza es inseparable de la presencia espiritual de Taranatha y de la naturaleza de nuestro propio Lama raíz.

Por encima de mi Lama aparecen milagrosamente los diversos maestros del linaje, rodeados en todas las direcciones por una gran nube de todos los yidams y deidades como Heruka, Vajravarahi y demás.

Los maestros del linaje Jonang-Shambhala aparecen por encima del Lama, mientras que las deidades yidam pacíficas y coléricas (también conocidas como "herukas") rodean al Lama como una gran nube.

Budas y bodhisattvas de las diez direcciones llenan el espacio y gloriosas emanaciones de arhats cubren el suelo por completo. También los rodean dakinis, protectores del Dharma y guardianes junto con inconmensurables séquitos de emanaciones mágicas, dispuestos a obedecer todas las instrucciones del Lama.

Ahora formamos la asamblea de manera que incluya a todos los budas y bodhisattvas de las diez direcciones (las cuatro direcciones cardinales y las cuatro intermedias, más arriba y abajo). También visualizamos las emanaciones de los arhat, a quienes consideramos en realidad emanaciones de los budas y bodhisattvas. A su alrededor hay dakinis y protectores del dharma, cuya función es protegernos de los obstáculos internos y externos. Están dispuestas a obedecer todas las instrucciones del Lama, ya que son emanaciones del Lama con una función particular que desempeñar.

Rauda como el relámpago y vibrante como una nube torrencial, la asamblea entera se emana según las necesidades de los seres, llenando por completo la tierra, el cielo, las montañas y valles. Todos sus cuerpos lucen radiantes y luminosos, sus palabras son el sonido del sagrado Dharma mahayana, y sus mentes reposan en la luz clara del gran gozo mientras llevan a cabo océanos de actividades iluminadas.

Esta estrofa describe la asamblea visualizada en términos generales. En lugar de ser plana, sólida o fija, la asamblea es radiante, con un movimiento vibrante e increíblemente vasta, extendiéndose hasta los confines del espacio. Mientras sus mentes moran en la luminosidad del gran gozo que está más allá de todas las nociones dualistas, exponen incesantemente las enseñanzas Mahayana en beneficio de todos los seres y realizan sin esfuerzo y espontáneamente océanos de actividades virtuosas.

Todo esto no es más que una manifestación significativa del venerable Lama, al igual que todo el resto de las apariencias del samsara y el nirvana no son más que un despliegue milagroso de la sabiduría primordial del Lama.

Toda la visualización que hemos desarrollado es, de hecho, una manifestación del glorioso Lama, ya que el Lama es inseparable de nuestra propia naturaleza búdica y encarna a todos los maestros de linaje, yidams, budas, bodhisattvas, arhats, dakinis y protectores del dharma. De esta vasta y sublime asamblea, decidimos centrarnos en el Lama, ya que es nuestro vínculo personal con la iluminación.

Según la visión suprema del budismo, todas las apariencias del samsara y el nirvana son un despliegue milagroso de la sabiduría primordial del Lama, que no es otra que nuestra propia naturaleza búdica. En el nivel último, por ejemplo, los cinco agregados son los cinco Budas y los cinco elementos son sus consortes femeninas, mientras que los seis poderes de los sentidos son los seis bodhisattvas y los seis objetos representan a sus consortes.

Súplicas al Lama

Ofrezco mi cuerpo, así como mis posesiones, toda la virtud acumulada durante los tres tiempos y todo ofrecimiento carente de dueño que pueda encontrarse en todas las tierras puras de las diez direcciones.

Una vez que hemos establecido la visualización con el Lama como objeto central de refugio, llenamos nuestra mente con todos los objetos de ofrenda imaginables, incluido nuestro cuerpo (al que apreciamos más que a nada), nuestras posesiones y todas las acciones virtuosas que nosotros y los demás hayamos llevado a cabo en el pasado, el presente y el futuro. Asimismo, visualizamos los reinos búdicos puros de las diez direcciones y los ofrecemos también.

Con una aspiración pura, ofrezco todo lo que mi mente pueda concebir: todos los seres de los seis reinos, incluyendo adversarios, amigos y parientes, que se extienden hasta los confines más lejanos del espacio, así como todo objeto de deleite que se encuentre en los tres reinos de existencia. Mediante el poder de mi visualización y oraciones, manifiesto todos estos incontables, inconcebibles y magníficos objetos de ofrecimiento.

La práctica de ofrecimiento continúa a medida que evocamos y manifestamos innumerables, inconcebibles y magníficos objetos de ofrecimiento, todo ello con la aspiración pura de conectar con la sabiduría de Buda y beneficiar a los demás. Nuestra ofrenda incluye a todos los seres de los seis reinos: humanos y animales, así como seres invisibles como dioses, semidioses, espíritus ávidos y seres infernales. También hemos de incluir a nuestros seres queridos, amigos, parientes y adversarios. Normalmente, en las prácticas de ofrecimiento sólo pensamos en objetos agradables o que nos gustan, pero en realidad no hay distinción entre lo agradable y lo desagradable, ya que todo es una mera proyección de la mente. Por tanto, debemos ofrecerlo todo sin distinciones ni juicios, desprendiéndonos de todo apego y aversión.

Todos estos tesoros de ofrendas son la manifestación natural de la sabiduría primordial de todos los budas, bodhisattvas y dakinis que aparecen en los tres tiempos y las diez direcciones. Todas estas innumerables, ilimitadas e inconcebibles manifestaciones no son más que la mente del Lama inseparable de mi propia mente, el glorioso despliegue nonato del dharmakaya.

Esta estrofa plantea la cuestión de dónde proceden todos estos objetos de ofrenda. En última instancia, todos ellos se manifiestan a partir de la conciencia primordial de los budas y los demás objetos de refugio y, de forma particular, no son más que la gloriosa expresión de la mente del Lama, que es inseparable de mi propia mente. Así pues, en un principio concebimos el vasto despliegue de objetos de ofrenda como algo exterior a nosotros mismos, y luego reconocemos que todo ello es un reflejo de nuestra propia naturaleza búdica, que es inseparable del Lama.

Precioso Lama, eres la encarnación de todos los Budas.
Precioso Lama, Señor del Dharma, eres la encarnación de todo el sagrado Dharma.
Precioso Lama, Guía supremo, eres la encarnación de toda la Sangha.

Ahora le hacemos súplicas al Lama como encarnación de las Tres Joyas Exteriores: (1) el Buda, (2) el Dharma y (3) la Sangha. Estas son las manifestaciones externas que actúan como el soporte primario de nuestra práctica espiritual. Cada una de ellas se encuentra encarnada en la forma física del Lama.

Supremo rey del Dharma, eres la encarnación de todos los Lamas. Tu cuerpo contiene a todos los yidams. Todas las dakinis y protectores del Dharma se emanan como tus siervos. Gran Vajradhara, ante ti elevo estas súplicas. Bendíceme en este momento a tu devoto hijo.

Ahora rezamos al Lama como encarnación de las Tres Joyas Internas: (1) Lama, (2) Yidam y (3) Dakinis. Rezamos al Lama como el supremo Rey del Dharma, que encarna a todos los Lamas que sostienen el linaje sagrado y enseñan el precioso Dharma. Este mismo Lama contiene a las deidades yidam iluminadas que son la raíz de los logros espirituales, a las dakinis que son la raíz de las actividades iluminadas y una fuente interna de protección, así como a los protectores del dharma que protegen contra todos los obstáculos al progreso espiritual. Decimos que se manifiestan como séquitos (del Lama) porque son inseparables de la naturaleza iluminada del Lama. En un nivel relativo, el Lama los envía a cumplir sus instrucciones, como si fueran los mensajeros de un rey. Por último, rezamos al Lama como Vajradhara, que es la naturaleza esencial del Guru iluminado y la fuente de todas las bendiciones.

Glorioso Lama, eres Vajradhara en el reino puro del cuerpo de deleite. Eres el colérico Heruka que subyuga todos los males. Te muestras como

Shakyamuni ante los renunciantes puros y apareces como un gran sabio para los ascetas.

Al igual que un cristal puede reflejar muchos colores diferentes, la compasión del glorioso Lama se refleja de innumerables formas dependiendo del mérito, las capacidades y la personalidad de los distintos seres. Para los que tienen una percepción pura, aparece como Vajradhara en el reino puro del cuerpo de deleite. Para los seres indómitos o corruptos que necesitan ser sometidos, aparece como el colérico Heruka, una expresión iluminada de la compasión colérica que es capaz de dominar todos los males. Para los que tienen una renuncia pura, como los grandes arhats de la época de Buda, aparece en la forma humana de Buda Shakyamuni, y para los que viven como ascetas aparece como un gran sabio que señala el verdadero camino medio.

Para aquellos que siguen el camino de los tres vehículos, te manifiestas como Bodhisattva, Pratyeka y el gran Shravaka. También apareces bajo la forma de Brahma, Vishnu, Indra, el Señor Shiva y todos los demás sabios y santos.

El Buda describió tres tipos de caminos, denominados los tres vehículos, que se adaptan a los distintos tipos de aspirantes espirituales: (1) el vehículo del Bodhisattva, (2) el vehículo del Pratyeka y (3) el vehículo del Shravaka. El vehículo del Bodhisattva es un recorrido a lo largo de un gran número de vidas que conlleva la aspiración de cumplir el voto de convertirse en un Buda omnisciente para poder ayudar espontáneamente y sin esfuerzo a los seres a liberarse del sufrimiento y alcanzar la iluminación. El vehículo del Pratyeka o del "realizador solitario" es una vía para desarrollar una sabiduría profunda a través del propio análisis, sin necesidad de maestros externos y dando como resultado una forma más limitada de iluminación. El vehículo del Shravaka o del "oyente" implica escuchar y seguir las enseñanzas fundamentales de Buda y alcanzar la liberación individual del samsara. Para los aspirantes en cada uno de estos caminos, el Lama se manifiesta como un mentor espiritual apropiado, ya sea un Bodhisattva, un Pratyeka o un gran Shravaka.

El verso final de esta estrofa es testimonio de la profundidad de la sabiduría de Taranatha y de su perfecta visión no sectaria. El Lama no sólo se manifiesta como maestros o mentores budistas, sino también como maestros, sabios y santos de otras tradiciones, como Brahma, Vishnu y Shiva, de la tradición hindú. También se incluyen grandes sabios como Jesucristo o el profeta Mahoma. Dado que los seres tienen una innumerable variedad de personalidades y estilos de aprendizaje, tiene sentido que los Budas enseñen una variedad de sistemas religiosos con el fin de conducirlos a todos más cerca de la verdad.

A veces te complaces en desempeñar las funciones de un rey, otras, adoptas la conducta de un yogui o un asceta, y en ocasiones vistes los hábitos azafranados de un monje puro. Realizador de grandes y vastas hazañas según las necesidades de cada ser, Ante ti elevo estas súplicas. Así como los pensamientos y aspiraciones de todos los seres son inconcebibles, así también lo es la inmensidad y profundidad de tus enseñanzas.

En esta estrofa continuamos suplicando al Lama como encarnación suprema de todo lo que es benéfico en el mundo. Desempeña las funciones de un rey que se interesa por los asuntos mundanos para llevar la paz, la justicia y los valores espirituales a un gran número de personas. También aparece como yogui o asceta para mostrar el camino de la renuncia y la disciplina a los aspirantes espirituales, y como monje puro que viste hábitos sencillos para demostrar una conducta moral perfecta y los beneficios de una vida sencilla centrada en el bien de los demás. Por ello, rezamos al Lama que realiza grandes y vastas obras según las necesidades de cada ser. Del mismo modo que los pensamientos y aspiraciones de todos los seres son inconcebibles, también lo son los métodos que emplea el Lama para enseñar el Dharma.

Cual reflejos y bajo una variedad de aspectos, las nubes, arcoiris y demás fenómenos celestes aparecen, permanecen y se disuelven de nuevo en la vasta inmensidad del espacio. Del mismo modo, el dharmakaya, el cuerpo de la realidad de la iluminación libre de todos los extremos, realiza grandes acciones de forma espontánea y sin esfuerzo. Aunque actúas para satisfacer las necesidades de todos los seres, permaneces en el estado de expansión clara, autoconsciente y no dual del dharmadatu.

Estas dos estrofas ofrecen una descripción poética de la compasión espontánea y sin esfuerzo del Lama, que se manifiesta en grandes obras realizadas para satisfacer las necesidades de todos los seres. Estas actividades espontáneas se equiparan al arcoiris y a las nubes. Surgen y se desvanecen espontáneamente en la vasta inmensidad del espacio, dependiendo de numerosas causas y condiciones, como la presencia de humedad, el ángulo de la luz solar, etcétera. Del mismo modo, las grandes obras del Lama emergen de la vasta extensión del cuerpo de la verdad dharmakaya -el estado de extensión clara, autoconsciente y no dual del espacio básico de la realidad (dharmadhatu)- dependiendo de causas y condiciones como el mérito y las aspiraciones de los distintos seres.

Estás más allá del nacimiento y la muerte, del ir y venir, de lo cercano y lo lejano. Ante tí, poseedor del cuerpo prístino de la realidad de la iluminación, elevo estas súplicas. Con una devoción incesante, te rindo homenaje desde lo más profundo de mi corazón.

El prístino dharmakaya o cuerpo de la realidad de la iluminación del Lama trasciende completamente todos los conceptos como nacimiento y muerte, ir y venir, cercanía y lejanía. La devoción incesante que albergamos hacia el Lama desde lo más profundo de nuestro corazón no es otra cosa que devoción y confianza en la realidad de nuestra propia naturaleza búdica. Elevar plegarias al Lama es, por tanto, un método muy hábil para acercarnos a esta verdad sagrada.

Me refugio en ti, encarnación de todas las fuentes de refugio. Presento ofrendas de innumerables objetos virtuosos desde su estado indivisible. Aunque su naturaleza está vacía desde un principio, confieso y purifico todas mis negatividades.

Esta estrofa da comienzo a la oración de las siete ramas. Primero rendimos homenaje al Lama, que es la encarnación de todas las fuentes de refugio. A continuación, ofrecemos innumerables objetos virtuosos y confesamos y purificamos todas nuestras negatividades. Sin embargo, esto tiene un significado más profundo, ya que nos invita a ser conscientes de la naturaleza vacía de los objetos de ofrecimiento y de que, en última instancia, no hay nada que confesar, ya que nuestra naturaleza es primordialmente pura. Estas afirmaciones increíblemente profundas nos ayudan a observar la práctica a la luz de su significado definitivo, ya que nos recuerdan la naturaleza ilusoria de todos los fenómenos.

Me regocijo en la virtud de todos los seres en el samsara y el nirvana. Que el sonido vacío inexpresable de tus enseñanzas nunca cese.

La oración de las siete ramas continúa al regocijarnos en la virtud de todos los seres y pedir que el Lama nunca deje de enseñar el preciso Dharma. Sin embargo, desde la perspectiva de la verdad última, incluso las palabras del Lama no son más que sonido vacío, una luminosidad del dharmakaya nonato percibida en forma de sonido.

Aunque el dharmakaya, el cuerpo de la realidad de la iluminación, está más allá del nacimiento y de la muerte, te ruego que gires incesantemente la rueda del precioso Dharma y que permanezcas para siempre por el bien de todos los seres.

Con esta estrofa solicitamos al Lama que gire incesantemente la rueda del precioso Dharma de acuerdo con las necesidades de los seres sensibles, y que, por el bien de todos los seres, permanezca para siempre sin abandonar el samsara.

Dedico toda mi virtud para que mi mente se vuelva inseparable de la tuya. Oh sagrado Lama, ¡que todos los seres alcancen la insuperable iluminación suprema!

La oración de las siete ramas concluye aquí, cuando dedicamos toda nuestra virtud para que nuestra mente se vuelva inseparable de la mente del venerable Lama, lo que significa que descubriremos la sagrada realidad de nuestra propia naturaleza búdica al reconocer la naturaleza última del Lama. También dedicamos esta práctica con la aspiración de un bodhisattva, deseando con gran compasión que todos los seres se liberen del sufrimiento y alcancen la iluminación suprema.

Glorioso Drolwe Gonpo, protector de todos los seres, por favor bendíceme con tu cuerpo, palabra y mente. Concédeme los cuatro empoderamientos en este preciso instante.

Ahora hacemos súplicas al glorioso Drolwe Gonpo, mejor conocido como Taranatha, quien rescata a todos los seres del sufrimiento incontrolable de la existencia samsárica. Le imploramos que nos bendiga con su cuerpo, su palabra y su mente y que nos conceda los cuatro empoderamientos. El hecho de que esta estrofa mencione a Taranatha, el autor de esta práctica del Yoga del Guru, indica que debe haber sido añadida por alguien más después de la época de Taranatha.

Los Cuatro Empoderamientos

Que mi cuerpo se transforme en el gran gozo innato.
Que mi palabra se transforme en el firme poder del mantra.
Que mi corazón se transforme en la sabiduría primordial
de la luz clara.
Lama perfecto, te ruego que me bendigas en este preciso instante.

Cuando recibimos los tres primeros de los cuatro empoderamientos, nuestro cuerpo se transforma en el cuerpo vajra del gozo innato, nuestra palabra se transforma en la palabra vajra que posee el poder del mantra, y nuestro corazón se transforma en la mente vajra que es inseparable de la sabiduría de la luz clara de nuestra naturaleza búdica. Esta estrofa también implica un nivel más profundo de significado que concuerda con las instrucciones esenciales del tantra, especialmente la referencia al poder del mantra.

De la frente, la garganta, el corazón y el ombligo del Lama se irradian rayos de luz que se disuelven en mis cuatro chakras y me confieren las bendiciones y los cuatro empoderamientos del cuerpo, la palabra, la mente y la sabiduría primordial vajra.

Al recitar esta estrofa, comenzamos a recibir los cuatro empoderamientos. Brillantes rayos de luz blanca brotan de la frente del Lama, mientras que deslumbrantes rayos de luz roja, negra y amarilla se irradian de los otros tres centros: la garganta, el corazón y el ombligo, respectivamente. Estos rayos de luz se disuelven en nuestros cuatro chakras a medida que recibimos los cuatro empoderamientos del cuerpo, la palabra, la mente y la sabiduría vajra primordial. Con cada uno de estos cuatro empoderamientos se purifican impurezas específicas y se alcanzan determinados poderes espirituales. Podemos consultar las secciones anteriores para más información.

Una vez más, concédeme el empoderamiento de la vasija con el agua de la vasija,
Concédeme el empoderamiento secreto con la bodhicitta,
Concédeme el empoderamiento de la unión del gran gozo y la sabiduría primordial,
Concédeme el cuarto empoderamiento sagrado del gran sello libre de concepciones.

Con esta estrofa recibimos realmente los cuatro empoderamientos: el de la vasija, el secreto, el de la sabiduría y el cuarto empoderamiento sagrado. Cada uno de ellos señala un aspecto particular de nuestra naturaleza búdica, como si nos dijera: "¡Posees esto!". El tercer empoderamiento se traduce literalmente como "el empoderamiento de la unión del gran gozo y la sabiduría primordial". El cuarto empoderamiento se describe como el gran sello libre de concepciones, ya que apunta directamente a la realidad última de nuestra naturaleza búdica, que trasciende por completo todas las nociones dualistas que dan lugar al pensamiento conceptual.

Disolución

No confío en nadie más que en ti, gran rey del Dharma, Tú eres mi único y verdadero refugio, precioso Lama. Al igual que el agua vertida en el agua es indistinguible, ¡bendíceme para que me disuelva en unión inseparable contigo!

Por última vez proclamamos nuestra plena confianza en el Lama, a quien consideramos un gran Rey del Dharma y nuestro único y verdadero objeto de refugio o nuestro único y legítimo salvador del dolor del samsara. Entonces el Lama se disuelve en luz, fundiéndose inseparablemente con nuestro continuo mental, como agua vertida en agua. Sin embargo, conforme adquirimos más experiencia, este proceso de disolución llegará a parecerse más al espacio vacío del interior de un jarrón que, cuando éste se hace añicos, se funde con el espacio que lo rodea. Al repetir este ejercicio una y otra vez y simplemente observar cómo la mente del Lama y la nuestra se unen de esta manera, podemos desarrollar una gran confianza en la realidad de nuestra naturaleza búdica, que ha estado con nosotros todo el tiempo.

El Lama se funde en la esencia del néctar de la bodhicitta y llena mis cuatro chakras, otorgándome los cuatro empoderamientos.

A medida que el Lama se funde en luz y se disuelve en nosotros, visualizamos su esencia en forma de néctar blanco, radiante y gozoso que llena los chakras de la frente, la garganta, el corazón y el ombligo, purificando así todas las impurezas y energías negativas almacenadas alrededor de estos chakras. Cuando estos centros energéticos se activan, experimentamos una alegría increíble y volvemos a recibir las bendiciones del cuerpo, la palabra, la mente y la sabiduría primordial del Lama.

Medita en el Lama natural —el dharmakaya, el gran cuerpo de la realidad de la iluminación inseparable de la propia mente—, y permanece en este estado natural de logro espontáneo más allá de todos los conceptos.

Una vez más hemos de meditar en la inseparabilidad del gran cuerpo de la verdad del Lama y nuestra propia mente. A esto lo llamamos el Lama natural, el estado iluminado natural más allá de todas las nociones dualistas, que sólo puede realizarse cuando nuestra fe y devoción nos hacen trascender la mente dualista ordinaria.

Dedicación

Que en todas mis vidas futuras nazca en una familia excelente, con una mente clara, libre de orgullo, dotada de gran compasión y fe en el Lama. Que pueda guardar mis compromisos con el glorioso Lama.

Concluimos esta práctica con las estrofas de dedicación. En esta oración, aspiramos a nacer con todas las condiciones necesarias para progresar por el camino espiritual lo más rápidamente posible. En particular, oramos para poder practicar los medios más profundos y hábiles de devoción a un Lama glorioso, y así acumular océanos de mérito y sabiduría.

Que no surjan en mí visiones erróneas, ni siquiera por un instante, con respecto a las acciones del glorioso Lama, y que gracias a considerar todas sus acciones como puras pueda recibir las bendiciones del Lama en mi corazón.

Con dicha plegaria, oramos para liberarnos de todos los obstáculos que se interponen en nuestra práctica espiritual. En particular, aspiramos a liberarnos de la visión ordinaria, que se concentra en los defectos del Lama y nos impide alcanzar realizaciones. En lugar de eso, rezamos para desarrollar la percepción pura que reconoce la pureza subyacente de todas sus acciones y que sirve de base para una visión profunda.

Que en todas mis vidas, nunca me separe de mi glorioso Lama y siempre disfrute de la alegría de practicar el magnífico dharma. Que por completar las cualidades de los planos y caminos, alcance rápidamente el estado de Vajradhara.

Una vez más, concluimos la práctica reconociendo que el Lama es la base sobre la que se eliminan todos los oscurecimientos y se desarrollan todas las cualidades. Por esta razón, rezamos para que nunca nos separemos de él ni de sus preciosas enseñanzas, que conducen a la alegría última: la iluminación completa y perfecta.

Este es el Yoga del Guru perfecto que nos permite alcanzar la Budeidad en una sola vida. No lo dudes. Compuesto por Jetsun Taranatha a la edad de 29 años.

Esta práctica fue compuesta por el gran erudito y siddha de la tradición Jonang, Jetsun Taranatha, a principios del siglo XVII. Su declaración final nos recuerda que esta práctica del Yoga del Guru es sumamente profunda, inusual y preciosa, ya que forja una conexión con el sagrado linaje de los Seis Yogas Vajra. Se trata de una práctica tan eficaz y poderosa que nos permite alcanzar el estado omnisciente de la Budeidad en una sola vida, a semejanza de muchos grandes practicantes del pasado. Esto supone una enorme fuente de confianza, por lo que no debemos tener ninguna duda acerca de esta práctica.

Conclusión

Hemos dicho aquí que Kalachakra es el Rey de los Tantras. Tanto los sabios como los necios del País de las Montañas Nevadas saben esto gracias a la bondad de los excelentes protectores del Tíbet, que han otorgado una y otra vez los Grandes Empoderamientos del Kalachakra.

Sin embargo, ¿dónde se encuentran los discípulos maduros con poder y fe, que se dedican continuamente a la práctica genuina? Es importante que ahora nos demos cuenta que un karma tan bueno se ha vuelto casi inexistente incluso en el País de las Nieves.

Debido a que me he mezclado con las distracciones de varias cosas, la pereza me ha robado la armadura de la perseverancia. A pesar de que este análisis y comprensión no son una explicación insuperable, puedes estar seguro de que te guiarán por el camino excelente.

Por este motivo, a partir de mi intención virtuosa, ofrezco esta medicina de felicidad y bienestar a los nuevos en el camino. Que la verdad del surgimiento dependiente dé lugar a un gran poder y que las dakinis y los protectores del dharma nos ayuden en todo momento.

Gracias al camino del profundo significado definitivo, los seis yogas que detienen el movimiento de los aires en los canales sutiles, y el gran gozo de la unión con la Gran Consorte de la Forma Vacía, que de ahora en adelante podamos experimentar el éxtasis de las dieciséis alegrías.

Aunque los demás seres sensibles y yo no seamos capaces de revelar la esencia del Dharma secreto y profundo, que en el futuro podamos deleitarnos con el Dharma definitivo y secreto de la Edad de Oro, bajo la guía

— *El Sublime Reino de Shambhala* —
Guardianes de las Enseñanzas de Kalachakra

CONCLUSIÓN

del mandala del Kalki Feroz.

OM AH HUM HO

Me postro y me refugio en todos aquellos que son dignos de alabanza, como los Reyes Kalki, la asamblea de deidades de la sabiduría y sus noventa y seis emanaciones reales, que moran en el linaje superior del Sublime Reino Tantrayana de Shambala, rodeada por una guirnalda de montañas nevadas. Como un loto de ocho pétalos, la ciudad principal de Kalapa se asienta en la cima del monte Kailash como una manifestación divina: a su alrededor hay arboledas placenteras, lagos de flores de loto blancas; en el centro de un bosque de sándalo se encuentra el mandala iluminado. En los pétalos exteriores, se encuentran por separado novecientos sesenta millones de ciudades y demás.

Por el poder de la sublime virtud creada mediante este esfuerzo, cuando desechemos nuestros cuerpos de esta vida, que podamos nacer en el séquito de los gloriosos Reyes Kalki de Shambala y consumar las enseñanzas de Kalachakra.

Apéndice

APÉNDICE

La Escalera Divina: Preliminares y Práctica Principal del Profundo Yoga Vajra de Kalachakra

por Jetsun Taranatha

PRIMERA PARTE: PRELIMINARES EXTERNOS E INVOCACIÓN AL LINAJE

I. Las Cuatro Convicciones de la Renuncia

¡Ay! ¡Piensa! Durante eones innumerables, sólo una vez se obtienen estos dones y libertades tan difíciles de encontrar y tan fáciles de perder. Las condiciones que conducen a la muerte superan mi comprensión: ¡es posible que muera hoy mismo este cuerpo que tanto estimo y protejo! Por eso, buscaré abandonar todas las acciones samsáricas y el extenso sufrimiento de las no virtudes y las pesadas acciones de retribución inmediata; durante este poco tiempo que me queda, contemplaré los beneficios de la liberación y utilizaré mi cuerpo, palabra y mente para la práctica del Dharma.

(Comienza tapando la fosa nasal izquierda con el mudra de pacificación

y exhala tres veces por la fosa nasal derecha, luego cambia a la otra fosa nasal. Termina exhalando tres veces por ambas fosas nasales. Visualiza que todas las aflicciones y negatividades abandonan tu cuerpo en forma de humo negro.)

II. Invocación Breve a los Maestros del Linaje Jonang

(i) Visualización:

Visualiza que tu lama raíz, sentado sobre una flor de loto en el centro de tu corazón, asciende por tu canal central hasta la coronilla. El lama aparece con un aspecto radiante.

(ii) Invocación

Glorioso y precioso Lama raíz, tras sentarte sobre el loto de devoción en mi coronilla y la de los demás seres por favor, bendícenos con tu gran compasión, cuida de nosotros con tu gran bondad y concédenos los siddhis de tu cuerpo, palabra y mente.

Conoces con exactitud el significado de los tres giros de la rueda del Dharma, comprendes los atributos de las cuatro clases de tantra y muestras el camino inequívoco a todos los seres. Dolpopa, omnisciente Señor del Dharma, a ti elevo estas súplicas.

Encarnación de las actividades de todos los Vencedores. Por medio de los cuatro poderes sublimes, haces resplandecer el sol de la doctrina preciosa en las tierras fronterizas. Glorioso Kazhipa, a tus pies elevo estas súplicas.

Adornado con las preciosas cualidades de las escrituras y realizaciones, conduces a la liberación a quien te vea, escuche, recuerde o toque. La maravilla de tus obras virtuosas desafía la comprensión. Rinchen Drakpa, a tus pies elevo estas súplicas.

APÉNDICE — LA ESCALERA DIVINA

Te enconmendaste ante numerosos amigos espirituales sagrados, mantuviste una disciplina monástica pura bajo la doctrina del Buda, y con sabiduría inmaculada, perseveraste en el bienestar de los demás. Gyälwa Senge, a tus pies elevo estas súplicas.

Preciosa fuente de toda felicidad y bienestar, principal de entre todos los Budas y refugio único para todos los seres, eres la esencia de la budeidad, el protector del samsara y el nirvana. Kunga Nyingpo, a tus pies elevo estas súplicas.

Cuando se abren los ocho pétalos de tu palabra, Señor, los inteligentes buscadores de la omnisciencia se deleitan, cual enjambre de abejas, en el banquete de la miel de tus acciones. Chalongwa, árbol que colma los deseos, a ti elevo estas súplicas.

Señor de palabra victoriosa y cuerpo perfecto, fuente de cualidades supremas y gran océanos de disciplina moral, completamente engalanado por una colección de joyas de la erudición. Supremo Gawe Chöpel, a ti elevo estas súplicas.

Eres Manjushri, la sabiduría y amor de infinitos Vencedores; Avalokiteshvara, el Señor de compasión ilimitada; y Samantabhadra, encarnación del poder subyugador de Munindra. Trinle Namgyal, a tus pies elevo estas súplicas. Con sólo recordarlos se disipa todo sufrimiento, y encomendarse con devoción a ustedes concede lo inigualable y supremo.

(Preciosos Gurus raíz que revelan el significado de los empoderamientos, las transmisiones y las enseñanzas esenciales, a todos ustedes elevo estas súplicas.)

(iii) Homenaje del Autor

OM GURU BUDDHA BODHISATTVA BHAYANA NAMO NAMAH

Fundamento de todas las perfecciones que a todos los seres confiere generosamente el Dharma, la joya que colma los deseos de estado insuperable. Oh, Guru, con devoción me postro a tus pies.

(Por lo general no se recita esta sección.)

III. Invocación Extensa al Linaje del Yoga Vajra

(i) Visualización

Visualiza que en el espacio frente a ti, en el centro de una multitud de arcoiris de cinco colores, encima de cinco asientos de loto, luna, sol, Rahu y Kalagni dispuestos sobre un trono sostenido por leones, se encuentra la esencia de tu Guru raíz bajo el aspecto del soberano vencedor Vajradhara.

Su cuerpo es de color azul, con un rostro y dos brazos, y sostiene un vajra y una campana cruzados a la altura del corazón. Está sentado con las piernas en la postura del vajra y engalanado con sedas y los seis ornamentos preciosos –una corona, pendientes, collares, brazaletes, pulseras y tobilleras–. Todas las marcas y signos de un Buda lo adornan por completo.

A su alrededor se encuentran todos los maestros del linaje de los Seis Yogas Vajra, como el sublime Buda Primordial, Kalachakra (el cuerpo de deleite), Buda Shakyamuni (el cuerpo de emanación), los treinta y cinco Reyes del Dharma de Shambala, entre otros. El cuerpo de todos ellos exhibe una majestuosidad radiante y se sitúan frente a ti llenos de alegría.

(ii) Invocación

Guru raíz, ante ti elevo estas súplicas. Lamas raíz y del linaje, ante ustedes elevo estas súplicas. Ante el linaje, la joya que concede los deseos, elevo estas súplicas.

Concedan sus bendiciones para que la transmisión del linaje descienda sobre mí.

APÉNDICE — LA ESCALERA DIVINA

Concedan sus bendiciones para que éstas entren en mi corazón.
Concedan sus bendiciones para que se disipe la oscuridad en mi mente.

Ante ti, Lama, elevo estas súplicas.
Ante ti, Señor del Dharma, elevo estas súplicas.
¡Que todos los padres espirituales y sus hijos del corazón me concedan sus bendiciones!

Ante la base, el Tathagatagarbha o esencia primordial, elevo estas súplicas.
Ante el profundo camino vajra de Kalachakra elevo estas súplicas.
Ante el resultado de separación del samsara, el dharmakaya develado de la realidad de la Iluminación, elevo estas súplicas.

Ante el sublime Buda primordial elevo estas súplicas.
Ante el Dharmakaya, el cuerpo revelado de la realidad de la Iluminación, Vajradhara, elevo estas súplicas.
Ante el Sambhogakaya, el cuerpo de deleite, Kalachakra, elevo estas súplicas.
Ante el Nirmanakaya, el cuerpo de emanación, Buda Shakyamuni, elevo estas súplicas.
Ante los treinta y cinco Reyes del Dharma elevo estas súplicas.

Drupchen Dushapa Chenpo, ante ti elevo estas súplicas.
Drupchen Dushapa Nyipa, ante ti elevo estas súplicas.
Gyaltse Nalendrapa, ante ti elevo estas súplicas.
Panchen Dawa Gonpo, ante ti elevo estas súplicas.

Gran traductor Droton Lotsawa, ante ti elevo estas súplicas.
Lama Lhaje Gompa, ante ti elevo estas súplicas.
Lama Droton Namseg, ante ti elevo estas súplicas.

Lama Drupchen Yumo, ante ti elevo estas súplicas.

Sechok Dharmeshvara, ante ti elevo estas súplicas.
Khepa Namkha Öser, ante ti elevo estas súplicas.
Machig Tulku Jobum, ante ti elevo estas súplicas.

Lama Drubtop Sechen, ante ti elevo estas súplicas.
Chöje Jamyang Sarma, ante ti elevo estas súplicas.
Kunkhyen Chöku Öser, ante ti elevo estas súplicas.

Inigualable Kunphang Thukje Tsundu, ante ti elevo estas súplicas.
Jangsem Gyalwa Yeshe, ante ti elevo estas súplicas.
Khetsun Yonten Gyatso, ante ti elevo estas súplicas.

Kunkyen Dolpopa, emanación de los budas de los tres tiempos, ante ti elevo estas súplicas.
Chogyäl Chokle Namgyal, ante ti elevo estas súplicas.
Tsungme Nyabon Kunga, ante ti elevo estas súplicas.

Drupchen Kunga Lodrö, ante ti elevo estas súplicas.
Jamyang Konchog Zangpo, ante ti elevo estas súplicas.
Drenchog Namkha Tsenchen, ante ti elevo estas súplicas.

Panchen Namkha Pelzang, ante ti elevo estas súplicas.

Lochen Ratnabhadra, ante ti elevo estas súplicas.
Palden Kunga Dolchog, ante ti elevo estas súplicas.
Kenchen Lungrig Gyatso, ante ti elevo estas súplicas.

Kyabdak Drolwe Gonpo, ante ti elevo estas súplicas.
Ngonjang Rinchen Gyatso, ante ti elevo estas súplicas.
Khedrup Lödro Namgyal, ante ti elevo estas súplicas.
Drupchen Ngawang Trinle, ante ti elevo estas súplicas.

Ngawang Tenzin Namgyal, ante ti elevo estas súplicas.

Ngawang Khetsun Dargye, ante ti elevo estas súplicas.
Kunzang Trinle Namgyal, ante ti elevo estas súplicas.
Nuden Lhundrub Gyatso, ante ti elevo estas súplicas.

Konchog Jigmé Namgyal, ante ti elevo estas súplicas.
Ngawang Chöpel Gyatso, ante ti elevo estas súplicas
Ngawang Chökyi Pakpa, ante ti elevo estas súplicas.
Ngawang Chöjor Gyatso, ante ti elevo estas súplicas.

Ngawang Chözin Gyatso, ante ti elevo estas súplicas.
Ngawang Tenpa Rabgye, ante ti elevo estas súplicas.
Lama Lobsang Trinle, disipador de la oscuridad, ante ti elevo estas súplicas.
Khentrul Jamphal Lodrö, héroe del Dharma, ante ti elevo estas súplicas.

Bondadoso Lama raíz, ante ti elevo estas súplicas.
Lama, ante ti elevo estas súplicas.
Señor del Dharma, ante ti elevo estas súplicas.

¡Que todos los padres espirituales y sus hijos del corazón me concedan sus bendiciones!
Quien posee devoción y fe en la asamblea de Lamas preciosos constantemente les eleva súplicas en esta vida.
Así pues, que las bendiciones de la sabiduría primordial del héroe compasivo entren en nuestro continuo mental.

Que en todas mis vidas futuras nunca me separe del glorioso Lama y siempre me deleite en la práctica del precioso Dharma.
¡Que alcance todos los planos y caminos iluminados y rápidamente logre el estado de Vajradhara!

(Ten la certeza de que los Lamas del linaje sagrado se funden en luz y bendicen tu continuo mental.)

SEGUNDA PARTE: PRELIMINARES INTERNAS

I. Refugio y Postraciones

(i) Visualización

Para tomar refugio, que es la base de toda la práctica del Dharma, primero dirígete a un sitio solitario o tranquilo y deja reposar la mente en su estado natural, relajada y concentrada. Visualiza que el sitio donde te hallas se transforma en una tierra pura o un reino iluminado, vasto y extenso. En el centro de este reino se encuentra un gran palacio hecho de diversas materias preciosas y adornado con impresionantes joyas y ornamentos. En el centro del palacio se halla un enorme árbol que colma los deseos, con vastas ramas colgantes y hermosas hojas, flores y frutos que se extienden por doquier. En la copa del árbol se alza un magnífico y amplio trono sostenido por leones, y encima de éste se apilan un loto multicolor, con discos de Sol, Luna, Rahu y Kalagni. Sobre el trono está sentado tu Guru raíz bajo el aspecto de Vajradhara. Su cuerpo es de color azul y sostiene un vajra y una campana cruzados a la altura de su corazón. El Buda Primordial se sienta en la coronilla del Guru raíz.

Alrededor de tu maestro vajra, en las ramas del árbol, se encuentran todos los Lamas del linaje, los treinta y cinco Reyes del Dharma de Shambala y todas las deidades Yidam del Tantra del Yoga Supremo, como Kalachakra. A su alrededor están las deidades Yidam de las cuatro clases de tantras. El glorioso Buda Shakyamuni y emanaciones de todos los budas supremos de las diez direcciones y los tres tiempos están sentados frente a tu Guru raíz, por debajo de las deidades Yidam. A su derecha, sobre las ramas del árbol, está la Arya Sangha Mahayana de los Ocho Bodhisattvas, entre los que se encuentran Maitreya, Manjushri y Avalokiteshvara. A su izquierda está la Arya Sangha Hinayana de los shravakas y pratyekas como Shariputra. En la base de este árbol se encuentran dakinis, protectores del Dharma y guardianes dotados del ojo divino que, aunque custodian las enseñanzas preciosas, se encuentran ahí para protegerte. Detrás de las

APÉNDICE — LA ESCALERA DIVINA

ramas, el sagrado Dharma aparece en forma de preciosos textos dorados. Ten la certeza de que todo lo que visualizas es realmente así. Al mismo tiempo, toma la resolución de que en nombre de todos los seres sensibles, infinitos como el espacio, vas a refugiarte con gran urgencia y devoción en el Lama, las Tres Joyas y el océano de protección espiritual. En especial, genera una motivación de gran compasión para liberar a todos los seres, y haz plegarias desde el fondo de tu corazón para que encuentren protección frente al sufrimiento del samsara. Toma refugio con esta fuerte aspiración.

(Mientras mantienes esta visualización lo mejor posible, recita la oración de refugio extensa una vez y luego repite la oración de refugio corta tres o más veces mientras haces postraciones completas. Sólo es necesario hacer postraciones completas mientras tu práctica principal sea el Refugio.)

(ii) Oración de Refugio Extensa

Para el beneficio de todos los seres maternales, infinitos como el espacio, desde ahora y hasta que alcance la esencia de la Iluminación, me refugio en los venerables señores del Dharma, los gloriosos y sagrados Lamas raíz y del linaje, que son la esencia del cuerpo, palabra, cualidades y acciones de todos los Tathagatas de las diez direcciones y los tres tiempos, la fuente del conjunto de los 84,000 Dharmas, y los soberanos de toda la Sangha Arya.

(iii) Oración de Refugio Breve

Me refugio en los señores del Dharma, los gloriosos y sagrados Lamas.
Me refugio en las deidades de los mandalas iluminados, los yidams.
Me refugio en los bhagavanes, los Budas perfectos.
Me refugio en el inmaculado Dharma sagrado.
Me refugio en la noble Sangha Arya.
Me refugio en las dakinis, los protectores del Dharma y los guardianes

que todo lo ven con su ojo de la sabiduría primordial.

(Recita esta plegarias tres veces, o más si te estás centrando en la práctica del Refugio.)

Rindo homenaje y me refugio en el Lama y las Tres Joyas preciosas. ¡Les suplico que bendigan mi continuo mental!

(iv) Dedicación

Que gracias al poder de esta virtud, complete las acumulaciones de mérito y sabiduría y que gracias a estos méritos y sabiduría alcance los dos kayas de la Iluminación para el beneficio de todos los seres.

II. Generación de la Mente de la Iluminación

(i) Visualización

Mientras visualizas el campo de Refugio frente a ti, genera una gran Bodhicitta desde tu corazón para liberar a todos los seres sensibles en nombre del campo de Refugio.

(ii) Generación de la Bodhicitta Anhelada

Para la liberación de todos los seres, voy a alcanzar el estado de la budeidad completa. Por lo tanto, voy a meditar en el profundo camino del Yoga Vajra.

(Se repite tres veces o más.)

(iii) Generación de la Bodhicitta Aplicada

Una vez que has generado la mente de la Iluminación, expándela hasta *incluir a todos los seres sin excepción.*

Que todos los seres gocen de la felicidad y de sus causas.
Que todos los seres estén libres del sufrimiento y de sus causas.
Que todos los seres nunca se separen de la felicidad sublime que está libre de sufrimiento.
Que todos los seres moren en la gran ecuanimidad libre de apego y aversión.

(Repite esta oración una o tres veces, o más si estás centrándote en la práctica de bodhicitta.)

(iv) Voto del Bodhisattva

Si deseamos renovar nuestros votos del Bodhisattva, recitamos la siguiente estrofa de proveniente del texto Adopción de la conducta del Bodhisattva de Shantideva:

Así como los sugatas del pasado
generaron la mente del despertar
y practicaron de forma gradual
el adiestramiento del bodhisattva,

del mismo modo, también yo,
por el beneficio de todos los seres,
generaré la bodhicitta y practicaré gradualmente
el adiestramiento del bodhisattva.

(Repite estas estrofas tres veces. Después, genera la certeza de que has recibido el Voto del Bodhisattva.)

(v) Dedicación

Disuelve el campo de Refugio mientras meditas sobre el profundo significado de los versos de la Bodhicitta. Al final de la sesión dedica la virtud de tu práctica utilizando la oración de dedicación de tu preferencia.

III. Purificación de Vajrasattva

(i) Visualización

Primero recita el siguiente mantra:

OM SVABHAVA SHUDDHA SARVA DHARMA SVABHAVA SHUDDO HAM
Todos los fenómenos, incluido uno mismo, entran en el estado natural de la vacuidad.

Del estado natural de la vacuidad, sobre mi coronilla, aparece la sílaba PAM (ཾ) que se transforma en una flor de loto blanca de ocho pétalos. Sobre la flor de loto aparece la sílaba AH (ཨཿ) que se transforma en un disco de luna llena. Encima del disco lunar aparece la sílaba HUNG (ཧཱུྃ) que se transforma en un vajra blanco de cinco puntas marcado con una sílaba HUNG (ཧཱུྃ) en su centro.

La sílaba HUNG (ཧཱུྃ) irradia luz luminosa a todos los universos y hace ofrendas ilimitadas a todos los seres Arya. La luz se irradia a continuación a todos los seres y purifica sus negatividades y oscurecimientos. Luego regresa y se disuelve en la sílaba HUNG (ཧཱུྃ) y entonces el vajra blanco de cinco puntas se funde completamente en luz.

La luz se transforma instantáneamente en el Bhagavan Vajrasattva, de cuerpo blanco, una cara y dos brazos. En la mano derecha sostiene un vajra y en la izquierda una campana, mientras abraza a su consorte Vajra-

APÉNDICE — LA ESCALERA DIVINA

topa en la postura de unión Yab-Yum.

Vajratopa es de color blanco, sostiene un cuchillo curvo en la mano derecha y un cáliz de cráneo en la izquierda. Ambos están adornados con ornamentos de hueso y joyas y están sentados respectivamente con las piernas cruzadas en las posturas de vajra y loto.

En la frente de los consortes Yab-Yum aparece la sílaba OM (ॐ). En la garganta, la sílaba AH (अः). En el corazón, la sílaba HUNG (ཧཱུྃ). Y en el ombligo, la sílaba HO (ཧོཿ). Desde la sílaba HUNG (ཧཱུྃ) en el corazón de los consortes Yab-Yum, se irradia luz hacia las diez direcciones. El poder de purificación, las bendiciones y sabiduría primordial de todos los budas y bodhisattvas se irradia de vuelta en forma de néctar blanco.

DZA (ཛཿ) HUNG (ཧཱུྃ) VAM (ཝཾ) HO (ཧོཿ)
El néctar se impregna de manera inseparable en Vajrasattva Yab-Yum.

(ii) Súplica de Purificación

Vajrasattva Yab-yum, por favor purifica y limpia todas las negatividades, oscurecimientos y transgresiones que yo y todos los seres hemos acumulado en el samsara desde tiempos sin principio.

(iii) La Purificación en Sí

Visualiza que néctar gozoso fluye de la unión de Vajrasattva Yab-Yum a tu coronilla, expulsando las enfermedades y negatividades fuera de tu cuerpo y hacia el suelo. Conforme el néctar limpia todas las negatividades, recuerda los cuatro poderes y recita el siguiente mantra:

OM SHRI VAJRA HERUKA SAMAYA MANUPALAYA / VAJRA HERUKA TENOPA / TISHTHA DRIDHO ME BHAVA / SUTOKAYO ME BHAVA / ANURAKTO ME BHAVA SUPOKAYO ME BHAVA

/ SARVA SIDDHI MAME PRAYATSA / SARVA KARMA SU TSA
ME / TSITAM SHREYANG KURU HUNG / HA HA HA HA HO
/ BHAGAVAN VAJRA HERUKA MAME MUNTSA / HERUKA
BHAVA MAHA SAMAYA SATTVA HA HUM PHET
(Recita este mantra una, tres, siete o veintiuna veces, o tanto como puedas mientras te centras en esta práctica. Concluye con la siguiente oración:)

OM VAJRASATTVA HUNG

Gran protector, debido a la ignorancia y la confusión he ido en contra y he permitido que se degenere mi samaya. Compasivo Lama Vajrasattva Yab-Yum, por favor purifica mis negatividades y protégeme. En ti me refugio, supremo sostenedor del Vajra, tesoro de compasión y salvador de todos los seres.

Confieso y me arrepiento de todas mis faltas corporales, verbales y mentales, incluidas todas las transgresiones de mis votos raíz y secundarios. Por favor, bendíceme para purificar y limpiar todas las máculas, negatividades, oscurecimientos y transgresiones acumuladas a lo largo de la existencia cíclica sin principio.

Vajrasattva Yab-Yum me mira sonriente. Como si la luna se disolviera en mí, comienza a fundirse con alegría, disolviéndose en mí a través de la coronilla. El cuerpo, la palabra y la mente sagrados de Vajrasattva Yab-Yum se vuelven inseparables de mi propio cuerpo, palabra y mente, como vajras de sabiduría primordial.

(iv) Dedicación

Que gracias al poder de esta virtud alcance rápidamente el estado iluminado de Vajrasattva Yab-Yum y conduzca a todos los seres, sin excepción, a este estado de pureza.
Que gracias al poder de esta virtud, todos los seres completemos las acu-

mulaciones de mérito y sabiduría y que gracias a estos méritos y sabiduría alcance los dos kayas de la Iluminación para el beneficio de todos los seres.

IV. Ofrecimiento del Mandala

(i) Visualización

Visualiza que en el espacio frente a ti se encuentra tu Lama raíz en la forma de Vajradhara azul. Está rodeado por las Tres Joyas, las deidades yidam y las dakinis. Todos ellos aparecen con un aspecto magnífico y libre de elaboraciones.

(ii) Invocación al Campo de Mérito

Gracias a tu bondad, la naturaleza del gran gozo, se manifiesta por completo en un solo instante. Lama precioso, cuyo cuerpo es como una joya, Vajradhara, ante tus pies de loto me inclino.

La luz de tu verdad iluminada disipa mi oscuridad. Eres el ojo de la sabiduría intachable, Lama semejante al sol del gran gozo inmutable, ante ti, por quien mi gratitud es incomparable, rindo homenaje.

Eres nuestra madre y nuestro padre, el maestro de todos los seres, y también nuestro buen amigo, cercano y noble. Eres el protector que beneficia a todos los seres y los despoja de sus negatividades. Resides exclusivamente en el estado de excelencia y eres la única morada de todas las cualidades supremas, pues tú mismo has destruido todas las faltas. Protector de los desvalidos, supremo conquistador de la estimación propia y el sufrimiento, fuente de toda riqueza, joya que colma los deseos, supremo y victorioso Señor del Dharma, en ti me refugio.

Glorioso e inmaculado Lama raíz, supremo victorioso Señor del Dharma, preciosa encarnación de los Budas de los tres tiempos, en ti me refugio.

(Esta estrofa es una versión abreviada de las tres estrofas anteriores y puede utilizarse de forma independiente.)

(iii) Ofrecimiento del Mandala de Extensión Media

OM VAJRA BHUMI HA HUNG
La base es la tierra dorada, poderosa y completamente pura.

OM VAJRA REKHE HA HUNG
El universo está rodeado por esta cerca de hierro formada por montañas. En el centro se sitúa el monte Meru, el rey de las montañas.

Al este se encuentra Purvavideha, al sur Jambudvipa, al norte Uttarakuru y al oeste Aparagodaniya. Rahu, el sol, la luna y Kalagni; en el centro, todas las maravillosas posesiones de dioses y humanos, completas y sin que les falte nada.

Toda esta riqueza la ofrezco con gran devoción a los Señores del Dharma, mis inmaculados Lamas raíz y del linaje, al mandala de yidams, a las asamblaeas de budas, bodhisattvas, pratyekas y shravakas, así como a las dakinis, protectores del Dharma y guardianes que todo lo ven con su ojo de la sabiduría. Con compasión, acepten este mandala por el bien de todos los seres. Tras aceptar esta ofrenda, ¡concédanme sus bendiciones!

El cuerpo, palabra y mente, la riqueza y virtudes de los tres tiempos, míos y de los demás, este excelente y precioso mandala, junto con la colección de ofrendas de Samantabhadra, tanto reales como visualizadas, lo ofrezco a mi Lama y a las Tres Joyas. Por favor acéptenlo con su gran compasión y concédanme sus bendiciones.

(iv) Ofrecimiento Breve del Mandala

(Esta alternativa más breve del ofrecimiento del mandala puede utiliza para las acumulaciones.)

Esta base, ungida con perfume, cubierta de flores, adornada con el monte Meru, los cuatro continentes, el sol y la luna, la imagino como un campo de buda y la ofrezco. ¡Que todos los seres disfruten de esta tierra pura!

GURU IDAM RATNA MANDALA KAM NIRYA TAYAMI
[Realiza el ofrecimiento del mandala por medio de esta recitación.]

Al finalizar una sesión de acumulación de ofrecimientos del mandala, visualiza que el mandala y el campo de refugio se disuelven en luz y se incorporan en tu continuo mental.

V. Yoga del Guru Fundamental

(i) Visualización

Visualízate en un magnífico y vasto palacio en el centro de un reino puro. Tu maestro vajra aparece frente a ti, en el centro del palacio, como el Señor Vajradhara. Está sentado sobre un loto, con discos de sol, luna, Rahu y Kalagni que se apilan sobre un trono de leones.

Tu maestro vajra tiene un cuerpo de color azul, con un rostro y dos brazos, sosteniendo un vajra y una campana cruzados a la altura del corazón. Sus piernas están en postura de loto completo. Adornado con vestimentas de seda y ornamentos de joyas, con todas las marcas y signos, su cuerpo es radiante y luminoso. Te sonríe complacido.

El Señor Vajradhara está rodeado por las deidades de las cuatro clases de Tantra, todos los Lamas de linaje y toda la asamblea de deidades yidam, budas, bodhisattvas, shravakas, pratyekas, dakinis y protectores del Dharma. Ten la seguridad de que todos ellos están realmente presentes.

Una vez visualizado el campo de la asamblea, realiza extensas ofrendas, tanto reales como visualizadas. Cuando comiences a practicar, debes tener fe y convicción en que posees naturaleza búdica y que ésta puede revelarse gracias a la devoción sincera e inquebrantable hacia tu inmaculado Lama raíz.

(ii) Oraciones a los Maestros del Linaje

Bondadoso y precioso Lama raíz, todo lo bueno y virtuoso del samsara y el nirvana ha surgido de tu iluminado poder compasivo. ante ti protector, fuente que colma todos los deseos, elevo estas súplicas.

El cuerpo de la verdad, el gran gozo omnipresente, el perfecto buda primordial Vajradhara que mora en Akanishta.
El cuerpo de deleite, Kalachakra, y el cuerpo de emanación,
Buda Shakyamuni, el más elevado de los Shakyas.
Ante ti, Lama que encarna los cuatro kayas de Buda, elevo estas súplicas.

Los treinta y cinco Reyes de Shambala, emanaciones de los victoriosos, los dos Kalachakrapadas, el Mayor y el Menor, y los dos eruditos insuperables, Nalendrapa y Somonatha. Ante los reyes del Dharma, los traductores y panditas, elevo estas súplicas.

Refugio de todos los seres, Konchoksang, Gran y consumado meditador, Droton Namseg Gran Mahasiddha Drupchen Yumo Chöki Rachen, gran trompetista del Dharma. Ante ustedes tres, Lamas que alcanzaron los siddhis supremos, elevo estas súplicas.

Nirmanakaya Dharmeshvara Sechok, el hijo supremo, Erudito intachable del Dharma, Khepa Namkha Oser, Maestro de los poderes mágicos y la clarividencia, Semochen. Ante ustedes tres, refugios y protectores maravillosos, elevo estas súplicas.

APÉNDICE — LA ESCALERA DIVINA

Disipador de la oscuridad de los seres, Jamsar Sherab, El omnisciente, Kunkhyen Chöku Öser, Consumado en el gozo inmutable, Kunphang Thukje Tsundu.

Ante ustedes tres, supremos guías que conducen a lo absoluto, elevo estas súplicas. Encarnación de la sabiduría primordial de los Vencedores, Jangsem Gyalwa Yeshe, Océano de sublimes cualidades, Khetsun Zangpo, Buda omnisciente de los tres tiempos, Dolpopa. Ante ustedes tres, Lamas incomparables, elevo estas súplicas.

Victorioso en todas las direcciones, Chokle Namgyal, Fuente universal de alegría, glorioso Nyabonpa, Tesoro de conocimiento y compasión, Kunga Lodrö. Ante ustedes tres, pilares vitales de las enseñanzas, elevo estas súplicas.

Encarnación de las Tres Joyas, Trinle Zangpo, Protector del Dharma definitivo y omnipresente, Nyeton Damcho, Gran maestro de sutra y tantra, Namkha Pelzangpo. Ante ustedes tres, Lamas maravillosos, elevo estas súplicas.

Excelso traductor, Ratnabhadra, Fuente de alegría para todos los seres, Lama Kunga Drolchog, Testigo del verdadero significado no nato, Lungrig Gyatso. Ante ustedes tres, que realizaron el beneficio inigulable para los demás, elevo estas súplicas.

Gran liberador y guía de todos los seres, Drolwe Gonpo, Tesoro de un océano de cualidades, Kunga Rinchen, Señor de todos los seres sagrados, victorioso Khedrup Namgyal. Ante ustedes tres, poseedores de una bondad inigualable, elevo estas súplicas.

Maestro de la palabra, Thugje Trinle, Victorioso practicante, Tenzin Chogyur, Ornamento del linaje de la práctica de Dharma, Ngawang Chöjor. Ante ustedes tres, sostenedores del tesoro de instrucciones sagradas, elevo estas súplicas.

Ornamento de la conducta perfecta, Trinle Namgyal, Gran tesoro y siddha del Dharma, Chökyi Peljor, Sostenedor de perfectas instrucciones, Gyalwe Tsenchang. Ante ustedes tres, Lamas que realizan sin esfuerzo actividades sagradas, elevo estas súplicas.

Esencia pura de las Tres Joyas, Jigme Namgyal, Encarnación de todos los objetos de refugio, Chöpel Gyatso, Ganador del cuerpo de unión de la iluminación, Chözin Gyatso. Ante ustedes tres, Lamas que con verlos y escucharlos liberan a los seres, elevo estas súplicas.

Expositor del Dharma de la Edad de Oro, Tenpa Rabgye, Incomparable sabiduría en actividades sagradas, Lobsang Trinle, Prolífico en el continente con la sabiduría de Manjushri, Jamphel Lodro. Ante ustedes tres, ornamentos del sagrado Dharma, elevo estas súplicas.

(iii) Práctica de las Siete Ramas y Súplica

Ante ti, refugio inequívoco, infalible y eterno, con devoción, me postro con cuerpo, palabra y mente. Te ofrezco sublimes nubes de ofrendas ilimitadas, reales e imaginadas. Confieso todas mis negatividades y transgresiones acumuladas desde tiempos sin principio. Me regocijo de todas las virtudes dentro del samsara y el nirvana. Te ruego que gires la rueda del Dharma sin cesar. Te imploro que permanezcas con nosotros sin pasar al parinirvana. ¡Dedico todas las virtudes para que yo y los demás alcancemos rápidamente la iluminación suprema!

[Esta oración de siete la ramas fue compuesta por Vakindadharma].

Encarnación de todos los Budas, Señor del Dharma,
glorioso y precioso Lama, a ti elevo estas súplicas.
Esencia misma de los cuatro kayas de Buda, Señor del Dharma,

APÉNDICE — LA ESCALERA DIVINA

glorioso y precioso Lama, a ti elevo estas súplicas.
Supremo refugio inigualable, Señor del Dharma,
glorioso y precioso Lama, a ti elevo estas súplicas.
Supremo guía inigualable, Señor del Dharma,
glorioso y precioso Lama, a ti elevo estas súplicas.
Maestro que enseña el camino a la liberación, Señor del Dharma,
glorioso y precioso Lama, a ti elevo estas súplicas.
Fuente de todos los logros sublimes, Señor del Dharma,
glorioso y precioso Lama, a ti elevo estas súplicas.
Tú que disipas la oscuridad de la ignorancia, Señor del Dharma,
glorioso y precioso Lama, a ti elevo estas súplicas.

¡Por favor, bendíceme y concédeme los empoderamientos!
¡Por favor, bendíceme para poder practicar con completa dedicación!

¡Por favor, bendíceme para mi práctica se vea libre de obstáculos!
¡Por favor, bendíceme para experimentar la esencia de la práctica!
¡Por favor, bendíceme para que mi práctica alcance la perfección última!
¡Por favor, bendíceme para emanar naturalmente amor, compasión y bodhicitta!
¡Por favor, bendíceme para que logre la concentración meditativa que une la permanencia apacible y la visión superior!
¡Por favor, bendíceme para que pueda alcanzar la experiencia extraordinaria y la suprema realización del Dharma!
¡Por favor, bendíceme para perfeccionar la práctica de las etapas del profundo camino del Yoga Vajra!
¡Por favor, bendíceme para recibir las iniciaciones y lograr los siddhis del Gran Sello en esta misma vida!

(iv) Los Cuatro Empoderamientos

Desde la sílaba OM (ॐ) en la frente de mi Lama raíz, el gran Vajradhara, se irradia luz blanca que se disuelve en mi chakra de la frente, purificando mis negatividades y oscurecimientos del cuerpo. ¡Por favor, confiéreme el empoderamiento de la vasija y las bendiciones del cuerpo iluminado!

Desde la sílaba AH (ཨཱཿ) en la garganta del Lama, se irradia luz roja que se disuelve en mi chakra de la garganta, purificando mis negatividades y oscurecimientos de la palabra. ¡Por favor, confiéreme el empoderamiento secreto y las bendiciones de la palabra iluminada!

Desde la sílaba HUNG (ཧཱུྃ) en el corazón del Lama, se irradia luz azul que se disuelve en mi chakra del corazón, purificando mis negatividades y oscurecimientos de la mente. ¡Por favor, confiéreme el empoderamiento de la sabiduría y las bendiciones de la mente iluminada!

Desde la sílaba HO (ཧོཿ) en el ombligo del Lama, se irradia luz amarilla que se disuelve en mi chakra del ombligo, purificando todas mis latencias de pensamiento conceptual y apego. ¡Por favor, confiéreme el cuarto empoderamiento sagrado, implanta en mí la semilla de los cuatro kayas de Buda y otórgame las bendiciones de la indestructible sabiduría primordial!

(Disuelve toda la visualización mientras recitas la siguiente estrofa:)

El Lama se funde en la luz y se disuelve en mí. Mi mente se vuelve inseparable de la mente dharmakaya del Lama. Que pueda permanecer en este estado no conceptual sin esfuerzo.

(Intenta permanecer en este estado más allá de todos los conceptos ordinarios tanto tiempo como puedas.)

(v) Dedicación

Que pueda llegar a ser como ustedes, gloriosos Lamas raíz y maestros del linaje.

APÉNDICE — LA ESCALERA DIVINA

Que los seguidores, tiempo de vida, título noble y reino puro,
míos y de los demás, sean exactamente como los suyos.
Que por el poder de elevarte homenajes y súplicas, se pacifiquen todas las enfermedades, la pobreza y los conflictos dondequiera que yo y los demás nos encontremos.
¡Que el precioso Dharma y todo lo auspicioso aumente en todo el universo!

TERCERA PARTE: PRÁCTICAS PRELIMINARES PARTICULARES Y PRÁCTICA PRINCIPAL DE KALACHAKRA

I. *Práctica del Kalachakra Innato*

(i) Visualización

(ras haber establecido primero la mente de Refugio y Bodhicitta al principio de tu práctica, recita:)

OM SHUNYATA JNANA VAJRA SVABHAVA ATMAKO HAM
OM, Soy la naturaleza de la conciencia vajra de la vacuidad.

Surgiendo de la vacuidad, aparezco instantánea y espontáneamente como el Kalachakra Innato. Aparezco sobre la cima del Monte Meru y el universo de los cuatro elementos, sobre un loto y discos de luna, sol, Rahu y Kalagni* apilados. Soy el glorioso Kalachakra. Mi cuerpo es de color azul, con un rostro, dos brazos y tres ojos. Sostengo un vajra y una campana en mi pecho y abrazo a mi consorte, Vishvamata.

*Estoy adornado con ornamentos vajra y visto una prenda inferior de piel de tigre. Mis dedos son de cinco colores diferentes y las tres falanges de cada dedo también son de colores diferentes. Vajrasattva adorna la coronilla de mi cabeza, y yo estoy de pie en el centro de un anillo de llamas ardientes de cinco colores diferentes. Mi expresión facial muestra una mezcla de ira y pasión.

Mi pierna izquierda blanca está flexionada y pisotea el corazón del dios blanco de la creación. Mi pierna derecha roja está extendida y pisotea el corazón del dios rojo del deseo. Mi cabeza está adornada con un nudo de mechones trenzados, una joya que colma los deseos y una luna creciente.

Me abraza Vishvamata, que tiene un cuerpo de color amarillo, con un rostro, dos brazos y tres ojos. Sostiene un cuchillo curvo en la mano derecha y un cáliz de cráneo en la izquierda. Con la pierna derecha flexionada y la izquierda extendida, estamos de pie juntos en unión. Está desnuda y adornada con los cinco ornamentos simbólicos de hueso. La mitad de su cabello está recogido en un moño y el resto cae suelto.

En la frente de mi Yab-Yum aparece la sílaba OM (ॐ), en la garganta, AH (अः), en el corazón, HUNG (हुं), en el ombligo, HO (होः), en el lugar secreto, SVA (स्व) y en la coronilla, HA (ह).

De mi corazón se irradian rayos de luz que transforman el universo entero en una tierra búdica, y a todos los seres en innumerables deidades del mandala de Kalachakra.

(Puedes mantener la mente concentrada unipuntualmente en esta visualización todo el tiempo que desees).

(ii) Repetición del Mantra y Disolución

Una vez estabilizada la visualización de Kalachakra Innato, visualiza el símbolo del mantra de Kalachakra en tu corazón sobre un loto, un disco lunar, un disco solar, un disco de Rahu y un disco de Kalagni. Luego recita el mantra mientras visualizas el símbolo del mantra.

El mantra se visualiza como OM (ॐ), luego hay una HA azul (ह), una KSHA verde (क्ष), una MA multicolor (म), una LA amarilla (ल), una VA blanca (व), una RA roja (र) y una YA negra (य). En la parte superior hay una luna creciente blanca con un sol rojo sobre ella y un nadu morado oscuro (como una pequeña llama) que sale del sol.]

OM HA KSHA MA LA VA RA YANG (SVAHA)
Recita este mantra tanto tiempo como desees.]

Toda la visualización se funde en luz y se disuelve en mí.

(iii) Dedicación

Que por el poder de estas acciones virtuosas alcance rápidamente el estado de Kalachakra y lleve a todos los seres, sin excepción, al estado iluminado de Kalachakra.

"La Escalera Divina: Prácticas Preliminares y Práctica Principal del Profundo Yoga Vajra de Kalachakra", compuesto por Drolwe Gonpo (Taranatha), describe cómo practicaban los grandes maestros del linaje tántrico Jonangpa y sus hijos de corazón, e incluye la esencia de todas las instrucciones puras del linaje.

II. Aspiración para Completar los Seis Yogas Vajra

OM AH HUM HO HANG KYA

Que mediante el poder de la naturaleza búdica corte cada movimiento conceptual en mi mente. Que al experimentar los diez signos y la luz clara, me adiestre en el camino del yoga de retraimiento. Ante tí, Lama, padre bondadoso, elevo estas súplicas. Supremos guías, herederos del sagrado linaje, bendíganme para lograrlo.

Que mediante el poder de la naturaleza búdica mi palabra, mis aires internos y mi conciencia se vuelvan inamovibles. Que al aumentar mi sabiduría, junto con la alegría y el gozo del análisis, me adiestre en el camino del yoga de la estabilización meditativa. Ante tí, Lama, padre bondadoso, elevo estas súplicas.

Supremos guías, herederos del sagrado linaje, bendíganme para lograrlo. Que mediante el poder de la naturaleza búdica los diez aires de lalana y rasana entren en avadhuti. Que funda la sílaba HANG (हं) mediante el fuego abrasador del tummo y me adiestre en el camino del yoga del control de la fuerza vital. Ante tí, Lama, padre bondadoso, elevo estas súplicas. Supremos guías, herederos del sagrado linaje, bendíganme para lograrlo.

Que mediante el poder de la naturaleza búdica retenga la esencia blanca y la estabilice en mi frente. Que al experimentar el gozo inmutable mientras las esencias se funden, me adiestre en el camino del yoga de la retención. Ante tí, Lama, padre bondadoso, elevo estas súplicas. Supremos guías, herederos del sagrado linaje, bendíganme para lograrlo.

Que mediante el poder de la naturaleza búdica todos mis chakras y canales se llenen con la esencia pura del gran gozo. Que al adquirir maestría sobre las tres consortes gloriosas, me adiestre en el camino del yoga del recogimiento. Ante tí, Lama, padre bondadoso, elevo estas súplicas. Supremos guías, herederos del sagrado linaje, bendíganme para lograrlo.

Que mediante el poder de la naturaleza búdica los seis chakras de mi cuerpo sutil se llenen de la esencia blanca del supremo gozo inamovible. Que al adquirir maestría sobre la imperturbable mente no dualista, me adiestre en el camino del yoga de la absorción meditativa. Ante tí, Lama, padre bondadoso, elevo estas súplicas. Supremos guías, herederos del sagrado linaje, bendíganme para lograrlo.

Que mediante el poder de la naturaleza búdica mi cuerpo nunca se separe de las posturas yóguicas. Que al emplazar mi mente en las profundas instrucciones esenciales del Dharma inequívoco, me adiestre en el camino de los Seis Yogas Vajra. Ante tí, Lama, padre bondadoso, elevo estas súplicas. Supremos guías, herederos del sagrado linaje, bendíganme para lograrlo.

III. Dedicación

Que gracias a esta virtud, todos los seres sin excepción abandonen por completo las actividades sin sentido del samsara, mediten correctamente en el supremamente significativo camino del yoga vajra y rápidamente alcancen el estado de Kalachakra.

Que gracias a esta virtud, complete rápidamente los Seis Yogas Vajra y que conduzca a todos los seres sin excepción al estado iluminado de Kalachakra.

Que gracias a esta virtud, todos los seres completen las aculaciones de mérito y sabiduría primordial y que gracias a estas dos acumulaciones alcancen los dos sagrados kayas de Buda.

CUARTA PARTE: LOS DOS YOGAS DEL GURU ADICIONALES

I. Yoga de Guru Dolpopa: Lluvia de Bendiciones para los Seis Yogas del Linaje Vajra

(i) Visualización

Kunkyen Dolpopa aparece frente a nosotros en el aspecto de Vajradhara azul rodeado por todo el campo del mérito. Con la vista en nuestra dirección, su mirada está llena de gran amor.

NAMA SHRI KALACHAKRAYA
Con una mente llena de devoción pura, me refugio en el Lama, el yidam y las Tres Joyas.
(Repetimos estos versos tres veces.)

¡Generaré amor, compasión, alegría y ecuanimidad inconmensurables

hacia todos los seres!
¡Practicaré con diligencia este profundo camino del Yoga del Guru para el beneficio de todos los seres!
Que las apariencias impuras de los mundos y seres de todos los universos se disuelvan por completo en la vacuidad libre de concepciones.

Sobre mi coronilla, sentado en un trono de joyas, sobre un asiento de cinco capas de loto, luna y demás, aparece mi Lama raíz como el gran Vajradhara. Su cuerpo es de color azul, tiene un rostro y dos brazos.

Con sus dos piernas se sienta en la postura vajra. Viste exquisitos ropajes de sedas multicolor, majestuoso, adornado con joyas preciosas y ornamentos de hueso. Sostiene un vajra y una campana cruzados en el corazón.

Los cuatro centros de su cuerpo están marcados con las cuatro sílabas. Rayos de luz se irradian desde la sílaba HUNG (ཧཱུྃ) en su corazón, invocando a todos los Lamas raíz y de linaje junto con todo el campo de refugio.

DZA (ཛཿ) HUNG (ཧཱུྃ) VAM (ཝཾ) HO (ཧོཿ)
Se vuelven inseparables.

(ii) Súplicas al Lama

Estás ornamentado con las marcas y los signos inmutables y perfectos. Tu voz incesante de Brahma se proclama en las diez direcciones. Resides en la mente inequívoca del Gran Sello. Precioso Lama, ante tu cuerpo, palabra y mente rindo homenaje.

Me postro ante ti, encarnación de los treinta y seis Tathagatas, que se revela cuando los treinta y seis agregados se purifican completamente gracias a la práctica de los Seis Yogas Vajra, como el retraimiento y demás.

Con alegría y una intención pura, ofrezco inconcebibles océanos de

APÉNDICE — LA ESCALERA DIVINA

ofrendas de Samantabhadra incluídas las virtudes de cuerpo, palabra y mente reunidas durante los tres tiempos.

Confieso abiertamente todas las negatividades que he acumulado mediante cuerpo, palabra y mente, y ruego que sean purificadas. ¡Me regocijo en toda virtud! ¡Te solicito de todo corazón que gires sin cesar la rueda del Dharma! ¡Te imploro que permanezcas para siempre en el samsara por el bien de todos los seres!

Has completado las tres acumulaciones y atravesado los doce caminos y eres el principal de todos los sostenedores del vajra, Glorioso Lama cuya naturaleza es inseparable de los cuatro kayas de Buda, te suplico, concédeme tus bendiciones.

Meditando unipuntualmente en la sabiduría primordial no dual has logrado transformar los ocho objetos de la concepción dualista. Glorioso Lama dotado de las cinco sabidurías, te suplico, concédeme tus bendiciones

Liberas y haces madurar a los discípulos afortunados mediante los doce logros empoderados de la generación y consumación, Glorioso Lama cuya actividad iluminada es una con la de todos los Lamas, te suplico, concédeme tus bendiciones.

Tus agregados son las seis familias de Buda, tus elementos son los ocho bodhisattvas, tus brazos, piernas y demás son la asamblea de deidades coléricas. Glorioso Lama, que eres uno con todos los yidams, te suplico, concédeme tus bendiciones.

Perfeccionaste las dos acumulaciones, tu esencia es el cuerpo de la verdad. y manifiestas innumerables emanaciones para el beneficio de los seres. Glorioso Lama, eres uno con todos los Budas, te suplico, concédeme tus bendiciones.

Te manifiestas como las enseñanzas y los textos de sentido último que nos conducen a la inexpresable verdad profunda. Glorioso Lama, eres uno con todos los Dharmas inmaculados, te suplico, concédeme tus bendiciones.

Señor de los diez niveles del bodhisattva, con liberación y logro completos, inmaculado amigo virtuoso y refugio protector para todos los seres. Glorioso Lama, eres uno con todos los señores de la Arya Sangha, te suplico, concédeme tus bendiciones.

Destructor de todos los enemigos y obstáculos mediante el método de la esencia del gran gozo, la compasión libre de dualidad. Glorioso Lama, eres uno con todos los protectores del Dharma, te suplico, concédeme tus bendiciones.

Tú concedes los logros supremos y los comunes pues dominas las acciones de pacificación, incremento, control y sometimiento. Glorioso Lama, eres el origen de todos los siddhis, te suplico, concédeme tus bendiciones.

Aclaras los puntos de vista erróneos componiendo, debatiendo y explicando todos los sutras, los tantras, las instrucciones esenciales y los tratados. Glorioso Lama, que disipas la oscuridad de la ignorancia, te suplico, concédeme tus bendiciones.

Que desde hoy pueda seguirte, Lama, como una sombra, para beber el néctar de tus instrucciones esenciales sobre el significado profundo. Glorioso Lama, ¡ruego tus bendiciones para lograrlo!

Que tras abandonar los medios de vida erróneos e impuros, saboree el néctar del Dharma y lo practique sin consideración por la comida, la ropa y los lujos. Glorioso Lama, ¡ruego tus bendiciones para lograrlo!

Que gracias a permanecer en un sitio aislado, logre la concentración unipuntual sobre el significado profundo y alcance el gran sello de la liberación en esta misma vida. Glorioso Lama, ¡ruego tus bendiciones para lograrlo!

Que torne mi mente hacia las cuatro sílabas en los chakras del cuerpo del Lama como los cuatro kayas de todos los Budas.
Que pueda recibir los cuatro empoderamientos concentrándome en ellas Glorioso Lama, ¡ruego tus bendiciones para lograrlo!

(iii) Los Cuatro Empoderamientos

De la OM (ॐ) en la frente de mi Lama, brota una OM (ॐ) blanca que se disuelve en mi propio chakra de la frente. Que mediante este poder reciba el empoderamiento de la vasija. Glorioso Lama, ¡ruego tus bendiciones para lograrlo!

Que al purificar los oscurecimientos del cuerpo y del estado de vigilia, experimente las cuatro alegrías y alcance el cuerpo de emanación del cuerpo vajra. Glorioso Lama, ¡ruego tus bendiciones para lograrlo!

De la AH (आः) en la garganta de mi Lama, brota una AH (आः) roja que se disuelve en mi propio chakra de la garganta. Que mediante este poder reciba el empoderamiento secreto. Glorioso Lama, ¡ruego tus bendiciones para lograrlo!

Que al purificar los oscurecimientos de la palabra y del estado de sueño, experimente las cuatro alegrías excelentes y alcance el cuerpo de deleite de la palabra vajra. Glorioso Lama, ¡ruego tus bendiciones para lograrlo!

De la HUNG (ह्रूं) en el corazón de mi Lama, brota una HUNG (ह्रूं) negra que se disuelve en mi propio chakra del corazón. Que mediante este poder reciba el empoderamiento de la sabiduría primordial. Glorioso Lama, ¡ruego tus bendiciones para lograrlo!

Que al purificar los oscurecimientos de la mente y del estado de sueño profundo, experimente las cuatro alegrías supremas y alcance cuerpo dharmakaya de la mente vajra. Glorioso Lama, ¡ruego tus bendiciones para lograrlo!

De la HO (ཧོ) en el ombligo de mi Lama, brota una HO (ཧོ) amarilla que se disuelve en mi propio chakra del ombligo. Que mediante este poder reciba el sagrado cuarto empoderamiento. Glorioso Lama, ¡ruego tus bendiciones para lograrlo!

Que al purificar las huellas y manchas del apego, experimente las cuatro alegrías innatas sabiduría primordial vajra de la vacuidad gozosa. Glorioso Lama, ¡ruego tus bendiciones para lograrlo!

El Lama sobre mi coronilla se funde en la luz y se disuelve en mí de modo inseparable. Por favor, permanece firme en el centro del loto de ocho pétalos en mi corazón y concédeme tus bendiciones.

(Medita en el estado natural de la inseparabilidad de tu mente y la del Lama, el Dharmakaya, el gran cuerpo de la verdad, y permanece en este estado no conceptual de Dharmadhatu por tanto tiempo como puedas).

(iv) Dedicación

Que gracias a esta práctica, yo y todos los seres purifiquemos las máculas de nuestro continuo mental y alcancemos rápidamente la esencia del Tathagata. Glorioso Lama, ¡ruego tus bendiciones para lograrlo!

Que no surjan en mí visiones erróneas, ni siquiera por un instante, con respecto a las acciones del glorioso Lama, y que gracias a considerar todas sus acciones como puras pueda recibir las bendiciones del Lama en mi corazón.

Que en todas mis vidas, nunca me separe de mi glorioso Lama y siempre disfrute de la alegría de practicar el magnífico dharma.
Que por completar las cualidades de los planos y caminos, alcance rápidamente el estado de Vajradhara.

"Yoga del Guru: Lluvia de bendiciones para los Seis Yogas del linaje Vajra" fue compuesto por el Gran Maestro del Dharma Kunkyen Dolpopa Sherab Gyaltsen. Que todo sea auspicioso para que nos guíe a la virtud.

II. Yoga de Guru Taranatha: El Ancla para Recolectar los Siddhis

(i) Visualización

Jetsun Taranatha aparece en el espacio frente a nosotros en la forma de Vajradhara de color azul, rodeado de todo el campo de mérito. Su mirada amorosa abarca todas las direcciones.

OM SVASTI. Yoga de Guru Taranatha: El Ancla para Recolectar los Siddhis

Rindo ferviente homenaje ante los sagrados pies del glorioso Lama. Todos los fenómenos son meras apariencias de la mente. La propia mente es de naturaleza clara, vacía e inexpresable. Cualesquiera que sean las diversas apariencias que surgen incesantemente, éstas jamás se separan de la autocognición ni por un momento.

OM SHUNYATA JÑANA VAJRA SVABHAVA ATMAKHO HUNG

Mi mente en su estado natural es el reino puro de Akanishta. En el centro de este reino se encuentra un palacio celestial, y en él, sobre un loto, un disco solar, un disco lunar, (un disco de Rahu y un disco de Kalagni) que reposan sobre un trono de león, se sienta mi glorioso y bondadoso Lama raíz.

Como una majestuosa e inconmensurable montaña dorada que resplandece con cien mil rayos de sol, mi glorioso Lama luce complacido conmigo y me sonríe.

Por encima de mi Lama aparecen milagrosamente los diversos maestros del linaje, rodeados en todas las direcciones por una gran nube de todos los yidams y deidades como Heruka, Vajravarahi y demás. Budas y bodhisattvas de las diez direcciones llenan el espacio y gloriosas emanaciones de arhats cubren el suelo por completo. También los rodean dakinis, protectores del Dharma y guardianes junto con inconmensurables séquitos de emanaciones mágicas, dispuestos a obedecer todas las instrucciones del Lama.

Rauda como el relámpago y vibrante como una nube torrencial, la asamblea entera se emana según las necesidades de los seres, llenando por completo la tierra, el cielo, las montañas y valles. Todos sus cuerpos lucen radiantes y luminosos, sus palabras son el sonido del sagrado Dharma mahayana, y sus mentes reposan en la luz clara del gran gozo mientras llevan a cabo océanos de actividades iluminadas.

Todo esto no es más que una manifestación significativa del venerable Lama, al igual que todo el resto de las apariencias del samsara y el nirvana no son más que un despliegue milagroso de la sabiduría primordial del Lama.

(ii) Súplicas al Lama

Ofrezco mi cuerpo, así como mis posesiones, toda la virtud acumulada durante los tres tiempos y todo ofrecimiento carente de dueño que pueda encontrarse en todas las tierras puras de las diez direcciones. Con una aspiración pura, ofrezco todo lo que mi mente pueda concebir: todos los seres de los seis reinos, incluyendo adversarios, amigos y parientes, que se extienden hasta los confines más lejanos del espacio, así como todo objeto de deleite que se encuentre en los tres reinos de existencia. Mediante el poder de mi visualización y oraciones, manifiesto todos estos incontables, inconcebibles y magníficos objetos de ofrecimiento.

Todos estos tesoros de ofrendas son la manifestación natural de la sabiduría primordial de todos los budas, bodhisattvas y dakinis que aparecen en los tres tiempos y las diez direcciones. Todas estas innumerables, ilimitadas e inconcebibles manifestaciones no son más que la mente del Lama inseparable de mi propia mente, el glorioso despliegue nonato del dharmakaya.

Precioso Lama, eres la encarnación de todos los Budas.
Precioso Lama, Señor del Dharma, eres la encarnación de todo el sagrado Dharma.
Precioso Lama, Guía supremo, eres la encarnación de toda la Sangha.

Supremo rey del Dharma, eres la encarnación de todos los Lamas.
Tu cuerpo contiene a todos los yidams. Todas las dakinis y protectores del Dharma se emanan como tus siervos. Gran Vajradhara, ante ti elevo estas súplicas. Bendíceme en este momento a tu devoto hijo.

Glorioso Lama, eres Vajradhara en el reino puro del cuerpo de deleite. Eres el colérico Heruka que subyuga todos los males. Te muestras como Shakyamuni ante los renunciantes puros y apareces como un gran sabio para los ascetas.

Para aquellos que siguen el camino de los tres vehículos, te manifiestas como Bodhisattva, Pratyeka y el gran Shravaka. También apareces bajo la forma de Brahma, Vishnu, Indra, el Señor Shiva y todos los demás sabios y santos.

A veces te complaces en desempeñar las funciones de un rey, otras, adoptas la conducta de un yogui o un asceta, y en ocasiones vistes los hábitos azafranados de un monje puro. Realizador de grandes y vastas hazañas según las necesidades de cada ser, Ante ti elevo estas súplicas. Así como los pensamientos y aspiraciones de todos los seres son inconcebibles, así también lo es la inmensidad y profundidad de tus enseñanzas.

Cual reflejos y bajo una variedad de aspectos, las nubes, arcoiris y demás fenómenos celestes aparecen, permanecen y se disuelven de nuevoen la vasta inmensidad del espacio. Del mismo modo, el dharmakaya, el cuerpo de la realidad de la iluminación libre de todos los extremos, realiza grandes acciones de forma espontánea y sin esfuerzo. Aunque actúas para satisfacer las necesidades de todos los seres, permaneces en el estado de expansión clara, autoconsciente y no dual del dharmadatu.

Estás más allá del nacimiento y la muerte, del ir y venir, de lo cercano y lo lejano. Ante tí, poseedor del cuerpo prístino de la realidad de la iluminación, elevo estas súplicas. Con una devoción incesante, te rindo homenaje desde lo más profundo de mi corazón.

Me refugio en ti, encarnación de todas las fuentes de refugio.
Presento ofrendas de innumerables objetos virtuosos desde su estado indivisible.
Aunque su naturaleza está vacía desde un principio, confieso y purifico todas mis negatividades.
Me regocijo en la virtud de todos los seres en el samsara y el nirvana.
Que el sonido vacío inexpresable de tus enseñanzas nunca cese.
Aunque el dharmakaya, el cuerpo de la realidad de la iluminación,
está más allá del nacimiento y de la muerte,
te ruego que gires incesantemente la rueda del precioso Dharma
y que permanezcas para siempre por el bien de todos los seres.
Dedico toda mi virtud para que mi mente se vuelva inseparable de la tuya.
Oh sagrado Lama, ¡que todos los seres alcancen la insuperable iluminación suprema!

Glorioso Drolwe Gonpo, protector de todos los seres, por favor bendíceme con tu cuerpo, palabra y mente. Concédeme los cuatro empoderamientos en este preciso instante.

(iii) Los Cuatro Empoderamientos

Que mi cuerpo se transforme en el gran gozo innato.
Que mi palabra se transforme en el firme poder del mantra.
Que mi corazón se transforme en la sabiduría primordial de la luz clara.
Lama perfecto, te ruego que me bendigas en este preciso instante.

De la frente, la garganta, el corazón y el ombligo del Lama se irradian rayos de luz que se disuelven en mis cuatro chakras y me confieren las bendiciones y los cuatro empoderamientos del cuerpo, la palabra, la mente y la sabiduría primordial vajra.

Una vez más, concédeme el empoderamiento de la vasija con el agua de la vasija,
Concédeme el empoderamiento secreto con la bodhicitta,
Concédeme el empoderamiento de la unión del gran gozo y la sabiduría primordial,
Concédeme el cuarto empoderamiento sagrado del gran sello libre de concepciones.

No confío en nadie más que en ti, gran rey del Dharma,
Tú eres mi único y verdadero refugio, precioso Lama.
Al igual que el agua vertida en el agua es indistinguible,
¡bendíceme para que me disuelva en unión inseparable contigo!

El Lama se funde en la esencia del néctar de la bodhicitta
y llena mis cuatro chakras, otorgándome los cuatro empoderamientos.

(Medita en el Lama natural —el dharmakaya, el gran cuerpo de la realidad

*de la iluminación inseparable de la propia mente—, y permanece en este
estado natural de logro espontáneo más allá de todos los conceptos.)*

(iv) Dedicación

Que en todas mis vidas futuras nazca en una familia excelente,
con una mente clara, libre de orgullo,
dotada de gran compasión y fe en el Lama.
Que pueda guardar mis compromisos con el glorioso Lama.

Que no surjan en mí visiones erróneas, ni siquiera por un instante,
con respecto a las acciones del glorioso Lama,
y que gracias a considerar todas sus acciones como puras
pueda recibir las bendiciones del Lama en mi corazón.

Que en todas mis vidas, nunca me separe de mi glorioso Lama
y siempre disfrute de la alegría de practicar el magnífico dharma.
Que por completar las cualidades de los planos y caminos,
alcance rápidamente el estado de Vajradhara.

*[Este es el Yoga del Guru perfecto que nos permite alcanzar la Budeidad en una sola vida.
No lo dudes. Compuesto por Jetsun Taranatha a la edad de 29 años.]*

Acerca del Autor

Khentrul Rinpoche es un maestro no sectario del budismo tibetano. Ha dedicado su vida a una amplia variedad de prácticas espirituales, estudiando con más de 25 maestros de las principales tradiciones tibetanas. Aunque siente un genuino respeto y aprecio por todos los sistemas espirituales, su mayor confianza y experiencia se encuentran en su camino personal del Tantra de Kalachakra, tal y como se enseña en la tradición Jonang-Shambhala.

Rinpoche presenta una mente aguda e inquisitiva en todo lo que hace. Sus enseñanzas son a la vez accesibles y directas, y a menudo exhiben una sensibilidad muy pragmática. A lo largo de los años, Rinpoche ha escrito muchos libros para guiar a sus estudiantes y se ha esforzado especialmente en traducir y comentar textos que presentan las etapas graduales del Camino de Kalachakra.

Rinpoche cree que, sin duda, nuestro mundo tiene el potencial de desarrollar una paz y armonía auténticas sin dejar de lado la preservación del medio ambiente y la humanidad. Esta Edad de Oro de Shambhala es posible mediante el estudio y la práctica del Sistema de Kalachakra. Con este fin, Rinpoche ha viajado por todo el mundo para compartir su conocimiento de este linaje único, libre de prejuicios sectarios.

La Visión de Rinpoche

El Instituto Budista Tibetano Rime fue fundado con el propósito específico de apoyar a Khentrul Rinpoche para hacer realidad su visión de un mundo más pacífico y armonioso. A medida que nuestra comunidad crece y se desarrolla, cada vez más personas participan en este extraordinario esfuerzo.

Para dar una idea del alcance de la visión de Rinpoche, podemos mencionar ocho objetivos que reflejan sus prioridades a corto y largo plazo:

OBJETIVOS INMEDIATOS

En última instancia, la felicidad auténtica y duradera sólo es posible por medio de una profunda transformación personal. Ahora más que nunca, necesitamos métodos para desarrollar nuestra sabiduría y hacer realidad nuestro máximo potencial. Por esta razón, Rinpoche otorga una gran prioridad a la preservación del Linaje Jonang de Kalachakra. Rinpoche propone hacer esto de cuatro maneras:

1. **Crear oportunidades para conectar con un linaje de Kalachakra auténtico y completo, en estrecha colaboración con meditadores consagrados del remoto Tíbet.** Nuestro objetivo es generar todos los apoyos necesarios para la práctica de Kalachakra de acuerdo con los auténticos maestros del linaje que han mantenido esta tradición durante miles de años. Para ello, encargamos estatuas y pinturas, escribimos libros e impartimos enseñanzas por todo el mundo. Ponemos especial énfasis en garantizar la autenticidad de nuestros materiales, basándonos en la profunda experiencia de meditadores altamente realizados que han dedicado su vida a estas prácticas.

2. **Establecer centros de retiro internacionales dedicados al estudio y la práctica de Kalachakra.** Para integrar las enseñanzas en nuestra mente, es crucial tener la oportunidad de participar en periodos de práctica intensiva. Por lo tanto, estamos trabajando para crear la infraestructura necesaria para apoyar y alentar a los miembros de nuestra comunidad para que participen en retiros cortos y largos. Esto incluye la compra de terrenos y la construcción de todo lo necesario para llevar a cabo retiros en grupo y en solitario. Nuestro objetivo a largo plazo es desarrollar una red de centros de este tipo en todo el mundo, formando una comunidad global que apoye a una amplia variedad de practicantes.

3. **Traducir y publicar los textos** únicos **y extraordinarios de los maestros de Kalachakra.** El Sistema de Kalachakra ha sido el tema de innumerables textos a lo largo de la extensa historia del Tíbet. Hasta ahora, sólo una pequeña parte de estos textos ha sido traducida y es accesible en Occidente. Aunque los textos teóricos son importantes, nuestro objetivo es centrarnos especialmente en las instrucciones esenciales que guiarán a los practicantes dedicados a una experiencia más profunda de estas profundas enseñanzas.

4. **Desarrollar herramientas y programas para una experiencia de aprendizaje estructurada.** Con grupos de estudiantes distribuidos por todo el mundo, creemos que es importante aprovechar al máximo las tecnologías modernas para facilitar el proceso de aprendizaje de nuestros estudiantes. Nuestro objetivo es desarrollar una sólida plataforma educativa en línea que permita a nuestra comunidad internacional acceder a programas de estudio de calidad que sean intuitivos, estructurados y atractivos.

OBJETIVOS A LARGO PLAZO

Aunque cada uno de nosotros trabaja para alcanzar la paz y la armonía definitivas en nuestra mente, no debemos perder de vista el hecho de que coexistimos en un mundo lleno de una gran diversidad de personas. Estos individuos dan lugar a una gran variedad de creencias y prácticas que, a su vez, conforman la forma en que nos relacionamos e interactuamos unos con otros. En esta realidad interdependiente es vital encontrar estrategias viables para promover una mayor tolerancia y respeto. Para ello, Rinpoche propone cuatro áreas de actividad específicas:

1. **Promover el desarrollo de una Filosofía del Rime a través del diálogo con otras tradiciones.** Con el deseo de ser miembros constructivos de una sociedad pluralista, necesitamos aprender formas de conciliar nuestras diferencias. Por lo tanto, buscamos ayudar a las personas a desarrollar cualidades positivas que promuevan una actitud de respeto mutuo, apertura a nuevas ideas y un deseo inquisitivo de superar nuestra ignorancia.

2. **Ofrecer apoyo financiero a practicantes dedicados para desarrollar personas altamente realizadas que actúen como modelos a seguir.** Para garantizar la autenticidad de nuestras tradiciones espirituales, es imprescindible que haya personas que logren las realizaciones más elevadas. Por lo tanto, nuestro objetivo es crear un programa de becas económicas que facilite la labor de los auténticos practicantes que deseen dedicar su vida al desarrollo espiritual, independientemente de su sistema de práctica. Al ayudar a las personas a hacer realidad las enseñanzas, se convierten en modelos positivos para quienes les rodean, inspirando y guiando a las generaciones venideras.

3. **Desarrollar programas de formación especializados para hacer realidad el gran potencial de las mujeres practicantes.** La cultura tibetana tiene un largo historial de cultivar de maestros altamente realizados al ofrecer una formación intensiva a aquellos a quienes se les observa un gran potencial. Por desgracia, con demasiada

frecuencia la búsqueda de potencial se ha centrado sólo en candidatos masculinos. Rinpoche cree que es cada vez más importante contar con figuras femeninas fuertes y altamente realizadas que puedan contribuir a un mayor equilibrio en nuestro mundo. Por esta razón, estamos trabajando para desarrollar un programa de formación único que ofrezca a las mujeres la oportunidad de desarrollar su potencial espiritual. Nuestro objetivo es diseñar un plan de estudios especializado, así como la infraestructura financiera para apoyar plenamente todos los aspectos de su educación.

4. **Promover una mayor flexibilidad mental y una comprensión más amplia de la realidad mediante programas educativos modernos.** En un mundo que evoluciona rápidamente, debemos replantearnos el tipo de habilidades que enseñamos a nuestros hijos. Las rígidas estructuras del pasado resultan inadecuadas para preparar a los estudiantes para los desafíos a los que se enfrentarán durante su vida. Por eso queremos desarrollar una serie de programas educativos que ayuden a los niños a ser más flexibles y capaces de adaptarse a su entorno. Una parte importante de estos programas es el desarrollo de una mayor conciencia del papel que nuestra mente desempeña en las experiencias cotidianas. También nos proponemos introducir reformas en el sistema educativo monástico con el fin de ayudar a que éste sea más relevante para el mundo moderno.

¿CÓMO PUEDES AYUDAR?

Nada de esto será posible sin tu apoyo y participación. Esta visión requiere una gran cantidad de mérito y generosidad de múltiples benefactores a lo largo de muchos años. Si deseas ayudar, no dudes en ponerte en contacto con nosotros.

Dzokden
3436 Divisadero St
San Francisco, CA 94123
USA
office@dzokden.org
dzokden.org

www.ingramcontent.com/pod-product-compliance
Lightning Source LLC
Chambersburg PA
CBHW052134070526
44585CB00017B/1815